¡Gracias a Dios por esta obra! ¡Esta importante y vital información es requerida por la Iglesia para cumplir su destino de alcanzar al mundo con la bondad de Jesucristo!

JOHN ECKHARDT, PASTOR
Crusaders Ministries

¿Están los apóstoles vivos y bien hoy? A medida que avanzamos en el siglo veintiuno, los apóstoles están siendo revelados como el último don restaurado a la Iglesia. Ellos y el ministerio apostólico emergente dan una clara definición de los apóstoles y su restauración al Cuerpo de Cristo. El doctor David Cannistraci ha hecho un esmerado trabajo de investigación acerca de una verdad poco entendida. Recomiendo altamente este libro.

APÓSTOL EMANUELE CANNISTRACI, PASTOR
Evangel Christian Fellowship

Todo ministro debería leer este libro. Que se levante un grito por toda la Iglesia mundial: Dios, levanta a tus apóstoles para estos últimos días de cosecha mundial y restauración de la Iglesia.

DR. BILL HAMON, OBISPO, PRESIDENTE, FUNDADOR
Christian Internacional Network of Prophetic Ministries

El nuevo libro *Los apóstoles y el ministerio apostólico* de David Cannistraci es un examen profundo y basado en la Biblia de la necesidad de que este don perdido sea restaurado. La iglesia puede entonces efectivamente ser usada para provocar el prometido reavivamiento mundial de final de tiempo. Un alerta para la mayoría de los creyentes.

FREDA LINDSAY, COFUNDADORA Y PRESIDENTA DE LA
JUNTA EMÉRITA
Christ for the Nations, Inc.

El Dr. Cannistraci brinda equilibrio y entendimiento bíblico para un tema que es con frecuencia mal entendido pero repleto de posibilidades para la expansión de la Iglesia.

DAVID SHIBLEY, PRESIDENTE
Global Advance

En el gran despertar y la gran cosecha que está ante nosotros, a medida que cientos de millones de nuevas almas vienen al Reino de Dios, la sabiduría bíblica que yace en este libro será una gran ayuda para el Cuerpo de Cristo a fin de establecer y nutrir al rebaño.

BILL BRIGHT (1921-2003)
Fundador de Cruzada Estudiantil para Cristo Internacional

Los apóstoles y
el movimiento
apostólico

David Cannistraci

CASA
CREACIÓN
A STRANG COMPANY

Los apóstoles y el movimiento apostólico
por David Cannistraci
Publicado por Casa Creación
Una compañía de Strang Communications
600 Rinehart Road
Lake Mary, Florida 32746
www.casacreacion.com

A menos que se indique lo contrario, todos los textos bíblicos
han sido tomados de la versión Reina-Valera, de la *Santa Biblia*,
revisión 1960. Usado con permiso.

Algunos textos bíblicos han sido tomados
de la *Santa Biblia, Nueva Versión Internacional* (NVI),
©1999 por la Sociedad Bíblica Internacional.
Usado con permiso.

Traducido por Luis Nahum Sáez
Diseño interior por: Heaven's Wisdom Productions

Library of Congress Control Number: 2005932672

ISBN: 1-59185-522-5

Impreso en los Estados Unidos de América

5 6 7 8 9 10   7 6 5 4 3 2 1

A todos aquellos que siguen el llamado apostólico:

Los pioneros que han pagado
el precio para trazar el camino,
los apóstoles jóvenes que se yerguen
listos para ser levantados,
y la generación que surgirá para reclamar la cosecha.

RECONOCIMIENTOS

MUCHAS PERSONAS MARAVILLOSAS HAN "SOSTENIDO MIS MANOS" (vea Éxodo 17:12) en el proceso de escribir este libro. ¡No hay manera de expresar lo maravillosa que es mi red de apoyo! Ningún logro significativo es alguna vez el resultado de una persona, y reconozco gratamente el papel que estas personas especiales han jugado al ayudarme a finalizar esta obra.

Mi esposa (y mejor apoyo), Kathy, y mis dos hijos, Aaron y Jordan, me liberaron sacrificada y gozosamente las muchas cientos de horas de estudio y escritura que este libro requiere. Sin su apoyo y ánimo no habría estado libre para terminar. Mi familia, en especial mi madre y mi padre, han sido animadores entusiastas a lo largo de mi ministerio.

Quiero honrar especialmente a mi pastor, mentor, tío y padre espiritual, Dr. Emanuele Cannistraci. Su excelente supervisión e instrucción durante las dos décadas pasadas fueron las que le dieron grandemente forma a mi ministerio. Muchos de los conceptos de apostolado plasmados en estas páginas se hicieron reales para mí a través de su vida.

Mi personal completo y mi congregación son insuperables; apoyaron este proyecto desde el comienzo. Los incansables intercesores de Evangel Christian Fellowship me ayudaron a cruzar la meta. Mi asistente personal, Sharon Gregory, ha sido un apoyo irremplazable para mí, especialmente al editar y preparar los manuscritos.

Muchos amigos en el ministerio me dieron aportes valiosos, tales como: Ed Delph, Cindy Jacobs y Ted Haggard. Mi amigo y maestro especial, Peter Wagner, es un animador clave en este proyecto. Su contribución e inspiración han avivado la finalización de este libro de una manera significativa. ¡Qué bendición es él para muchos!

Gracias especiales también a las personas de Regal Books, que han orado por mí y han dado un paso valiente al publicar esta obra. Regal es verdaderamente un grupo extraordinario. Gracias a Kyle Duncan y Bayard Taylor por su aporte y sus sugerencias editoriales.

Sinceramente agradezco a Dios por cada uno de ustedes.

CONTENIDO

PRÓLOGO POR DR. C. PETER WAGNER....................11

INTRODUCCIÓN 15

1. ¡UNA OLA APOSTÓLICA ESTÁ LLEGANDO! 19

2. ATRAPA LA OLA 31

3. EL LLAMADO APOSTÓLICO............................45

4. CAMBIA AL MUNDO A TRAVÉS
   DEL PUEBLO APOSTÓLICO 55

5. EL ESPÍRITU APOSTÓLICO 67

6. ¿QUÉ ES UN APÓSTOL?..............................77

7. PLANTA Y RIEGA PARA CRECER 95

8. LAS SEÑALES DE UN APÓSTOL 105

9. EL MOVIMIENTO DE LOS PADRES.....................115

10. FALSOS APÓSTOLES 129

11. ENTIENDE LA AUTORIDAD APOSTÓLICA................143

12. LOS APÓSTOLES Y EL PODER SOBRENATURAL 159

13. PATRONES PARA IGLESIAS APOSTÓLICAS 173

14. LA RED DEL REINO.................................187

CONCLUSIÓN...201

BIBLIOGRAFÍA...203

PRÓLOGO

DURANTE LOS AÑOS QUE HE SIDO CRISTIANO, CON FRECUENCIA HE escuchado a líderes considerar la Iglesia del primer siglo un modelo contra el cual deberíamos comparar nuestra vida eclesial contemporánea. La idea es que mientras más lejos nos encontremos de la Iglesia Primitiva, guiada por los apóstoles, más débiles seremos probablemente. Por lo tanto, en nuestra enseñanza, en nuestra planificación y en nuestras actividades diarias deberíamos esforzarnos por llegar a ser más como la Iglesia del primer siglo.

Durante más de cuatro décadas de servicio cristiano, mi principal esfera de actividad e identidad ha sido el campo tradicional evangélico. El seminario Fuller Theological Seminary, donde estudié y enseño, se fundó originalmente para brindarles a las principales denominaciones en los Estados Unidos un lugar en el que sus líderes pudieran recibir un fundamento teológico más conservador y basado en la Biblia de lo que muchos de sus propios seminarios estaban ofreciendo. Nuestro principal modelo eclesial fue la Iglesia de la era apostólica.

Curiosamente, hasta hace poco, no notaba lo que ahora me parece una incongruencia inherente a lo que he estado enseñando: *Nuestro ideal era la Iglesia guiada por apóstoles, pero supuestamente ¡tales apóstoles no se encuentran en nuestras iglesias hoy!* Habiendo aceptado tal premisa, estaría claro que podríamos repetir la Iglesia del primer siglo hoy sólo si los apóstoles fueran un componente trivial o relativamente insignificante de la cristiandad del primer siglo. Ningún erudito bíblico que yo conozca, sin embargo, afirmaría eso. Los apóstoles eran una *clave* reconocida para la vitalidad de la Iglesia Primitiva.

Cuando escribí el libro *Your Spiritual Gifts Can Help Your Church Grow [Tus dones espirituales pueden ayudar a que tu iglesia crezca]* (Regal Books) hace años, me hallé argumentando que ninguna evidencia bíblica poderosa parecía indicar que ciertos dones espirituales, incluyendo el don de apóstol, hubieran cesado al cierre de la era apostólica, como algunos de mis profesores del seminario habían enseñado, y como creí durante cierto tiempo. Llegué a convencerme de esto más que nunca cuando recientemente completé mi comentario de tres volúmenes sobre el libro de los Hechos (Regal Books). Ahora creo que podemos comenzar a aproximarnos a la vitalidad espiritual y al poder de la Iglesia del primer siglo *sólo* si reconocemos, aceptamos, recibimos y ministramos en todos los dones espirituales, incluyendo el de apóstol.

¿Es tal cosa posible? Creo que sí. Mis estudios acerca del crecimiento de la Iglesia me han guiado a una inexorable conclusión: El segmento identificable de más rápido crecimiento de la cristiandad en los noventa, en los cinco continentes, es lo que ha llegado a llamarse el Movimiento Postdenominacional. Inherente a las congregaciones postdenominacionales de hoy está una estructura comúnmente conocida como "redes apostólicas", en las cuales tanto el don como el oficio del apóstol son reconocidos y aceptados.

Habiendo llegado a ese punto en mi propio pensamiento y desarrollo espiritual, estaba listo para ese notable día cuando el correo de los Estados Unidos trajo hasta mí el manuscrito de David Cannistraci, *Los apóstoles y el movimiento apostólico*. Lo devoré en una lectura, después de lo cual alabé a Dios en un crescendo progresivo por brindar una herramienta a quienes tomamos en serio aquello de volver a la cristiandad del primer siglo, lo cual se necesita desesperadamente. Ahora tenemos un libro de texto bien investigado, probado en el campo, maduro y bíblicamente balanceado acerca del don de apóstol y cómo puede este funcionar en las iglesias de hoy.

David Cannistraci, una figura clave en el Movimiento Postdenominacional, es una persona de talento, sabiduría y experiencia superior a sus años. Es una de esas personas raras que se ven simultáneamente como erudito y practicante. El Dr. Cannistraci no sólo desarrolla teorías, sino que también se asegura de que hayan pasado por la experimentación antes de abogar por ellas. Les exigiré a mis estudiantes del Fuller Seminary que lean y digieran este libro.

Los días que vivimos no son tiempos normales. Nos hemos movido al tiempo de la mayor profusión del poder del Espíritu Santo y de la más grande cosecha de almas en toda la historia cristiana. ¡Los negocios como siempre no bastan en nuestras iglesias y ministerios hoy! David Cannistraci es una de las voces claras que ayudarán al Cuerpo de Cristo a asumir los retos espirituales cruciales que enfrentamos. Entenderás lo que quiero decir a medida que leas este libro.

C. Peter Wagner
Fuller Theological Seminary
Pasadena, California

Introducción

Nunca olvidaré el día que me sentí impelido por primera vez a estudiar acerca de los apóstoles. Estaba en Florida, en un centro de conferencias cristiano y, aunque no tenía tiempo para pensar en ello, ahora era la ocasión. Había tomado cierto entrenamiento y estaba programado para ministrar en algunos servicios esa semana. Lejos de mi congregación, de mi esposa y mis dos hijos, y con poco que me distrajera, decidí leer el libro de los Hechos completo.

Mientras leía, cada vez que me encontraba con la palabra "apóstol" o "apóstoles", llegué a estar absolutamente fascinado con otro aspecto de sus actividades. Noté que los apóstoles hacían las cosas en ciertas formas, y disfruté tremendos resultados. Comenzaron a tomar forma algunos patrones en mi mente. *Alguien necesita hacer un estudio completo sobre los apóstoles,* musité. *La Iglesia necesita volver a algunos de estos patrones.* Mientras más leía, un profundo sentimiento de admiración y asombro crecía en mi espíritu. Me encontré en lágrimas más de una vez en ese pequeño salón de invitados. Pronto me di cuenta de que Dios me estaba llamando a una búsqueda de la verdad que finalmente llegaría a ser el libro que usted tiene en sus manos en este momento.

¿Alguna vez ha tratado de evitar las incitaciones de Dios? He tratado de que otras personas escriban este libro. Muchas excusas vinieron a mi mente durante aquellas pocas primeras semanas de escritura. Pensé que no tenía las calificaciones para enfrentar a tan importante materia. Pastoreo una congregación maravillosa, he servido como misionero en Filipinas, he logrado ganarme algunos títulos en teología y soy muy activo en el liderazgo de nuestra red de iglesias, pero ¿me escucharía la gente? ¿Qué haría con un libro así cuando estuviera finalizado? Aun así la impresión fue tan fuerte que supe que debía actuar.

Mientras estudiaba y oraba, me di cuenta de algunas cosas increíbles acerca de lo que Dios parece estar haciendo alrededor del mundo. Estamos viviendo una hora verdaderamente extraordinaria. Adondequiera que volteas, el reino está haciéndose vivo con novedad y emoción. Algo hay en el aire. Comencé a creer que *parte* de ese "algo" es una renovación del ministerio apostólico.

Dios prometió que antes de la segunda venida de Cristo, ocurriría una restauración, una puesta en orden, dentro de la Iglesia:

> A quien de cierto es necesario que el cielo reciba hasta los tiempos de la restauración de todas las cosas, de que habló Dios por boca de sus santos profetas que han sido desde tiempo antiguo (Hechos 3:21).

Durante los cuatro siglos pasados, hemos visto esta restauración de la Iglesia desplegarse gradualmente. Hemos recobrado muchas de las verdades y experiencias críticas que se perdieron en la oscuridad de la Edad Media. A través de Martín Lutero, por ejemplo, hemos recobrado el mensaje y la experiencia de la justificación por fe. Debido a hombres como George Whitefield y Juan Wesley hemos regresado a las verdades acerca de la santidad en la Iglesia.

En el siglo veinte, hemos visto similares restauraciones de la sanidad divina, los dones del Espíritu y una renovación en la alabanza y la adoración. Muchos creen que estamos en medio del más grande resurgimiento mundial de la oración en la historia. Es asombrosamente inspirador considerar cuán rápidamente está retornando la Iglesia al dinamismo del Nuevo Testamento.

Como parte de este proceso de restauración, hemos visto un renacimiento parcial de los dones ministeriales de Efesios 4:11 dentro de la Iglesia (es decir, apóstoles, profetas, evangelistas, pastores y maestros). En los años cincuenta, el Cuerpo de Cristo fue inundado con evangelistas, y en los sesenta y setenta los ministerios de pastores y maestros parecían hacer valer sus méritos en el mismo cuerpo mundialmente. En los ochenta, atestiguamos los comienzos de una extraordinaria apertura a la extendida operación del ministerio profético. Un oficio que tiene todavía que ser restaurado en la misma medida que han disfrutado los otros ministerios, y creo que este es un eslabón perdido en la cadena de la restauración: *Todavía necesitamos que el oficio de apóstol se manifieste en su totalidad.*

Después de ese momento clave en el centro de conferencias de Florida me percaté de que, según el patrón eclesial de Pablo, sólo cuando este ministerio también opere libremente llegaremos a la unidad de la fe, y sólo entonces podremos madurar a la total estatura de Cristo (ver Efesios 4:13). Dado que la unidad de la Iglesia es esencial (sin mencionar la madurez de los santos), esto parece desestimar más la importancia del estudio de los apóstoles.

Debemos tener unidad, y debemos regresar al tipo de poder que tenía la Iglesia Primitiva si planeamos completar la Gran Comisión. Para cumplir estas prioridades, debemos ver el don del apostolado restaurado y agregado a un puesto prominente igual a los otros dones.

Mi investigación me llevó a descubrir que muchos en el Cuerpo de Cristo tienen la sensación de que el ministerio apostólico es el próximo que Dios comenzará a restaurar. ¿Podría ser que ahora, al amanecer de un nuevo milenio, el apóstol esté renaciendo, y que un gran movimiento mundial de apóstoles esté a punto de madurar?

Si es así, necesitamos la dirección, revelación y preparación específica que su palabra nos brinda. Necesitamos responder algunas preguntas difíciles: *¿Qué es un apóstol? ¿Cómo actúa un apóstol en la Iglesia? ¿En qué consistirá el movimiento apostólico?* Estas son las preguntas enfrentadas y respondidas en estas páginas.

Estoy consciente de que el mensaje de este libro puede promover algún debate. Como carismático, sé que algunas de mis posiciones serán ligeramente diferentes a las enseñanzas de otras corrientes en la comunidad evangélica, y ciertamente no escribí este libro para polarizar a la gente. No presumo de tener la palabra final sobre ninguno de estos asuntos. Realmente espero ayudar a iniciar un diálogo que pueda reunirnos a todos alrededor del paradigma apostólico que yace en el Nuevo Testamento. Creo que lo que Dios quiere nos involucra a todos, procedamos de un origen carismático, fundamental o cualquier otro.

Ciertas aprehensiones pueden evocarse por este tipo de libro también. Por ejemplo, como enfoco a los apóstoles, puede parecerles a algunos que estoy atenuando las luces sobre otros ministerios. Déjenme decir desde el principio que no creo que los apóstoles sean *más* importantes que cualquier otro oficio del ministerio como los de pastores o maestros, pero pienso que son *tan* importantes. Además, sin la restauración de los apóstoles, otros ministerios estarían incompletos. Ahora es el tiempo para que simplemente traigamos a los apóstoles a un punto central en el Cuerpo de Cristo y los incluyamos junto con los otros dones esenciales que Cristo nos ha dado.

Otros pueden sentir que estoy abogando porque se dé autoridad excesiva a los apóstoles modernos, y que yo apoyaría una ola de hombres autoenfocados que proclaman tener autoridad "especial", o queriendo componer Escritura adicional (¡Dios nos libre!). Así que, donde se requiere, he intentado distinguir y equilibrar *el apostolado moderno* con el *único apostolado* de los hombres que, por ejemplo, escribieron mucho del Nuevo Testamento y cuyas funciones nunca serán duplicadas por otro. Estos balances estarán generosamente disgregados a lo largo del libro, y necesitamos notarlos para evitar problemas.

Es mi esperanza que tú, querido lector, consideres estas perspectivas cuidadosamente, aunque sean diferentes a las tuyas. Con frecuencia la verdad se encuentra en la intersección de perspectivas divergentes. Mucha gente alrededor del mundo ya comparte estos puntos de vista y encuentra que son útiles para la expansión de la Iglesia. Invito a cualquiera que esté interesado en la cosecha mundial a sumergirse en esta discusión conmigo, para meditar en estas preguntas y participar en el examen y la propagación del mensaje de la Escritura relacionado con el ministerio apostólico equilibrado. Ya seas un teólogo entrenado, líder de iglesia o creyente comprometido, es mi oración especial que a medida que leas, tu lugar en el destino de la Iglesia y en la renovación mundial actual, será revelado más completamente por el Espíritu de Dios.

¡UNA OLA APOSTÓLICA ESTÁ LLEGANDO!

SÓLO PENSARLO ES INCREÍBLE: UN NUEVO MILENIO ESTÁ AQUÍ. A partir del año 2000 D.C., *¡nos convertimos otra vez en una Iglesia del primer siglo!* ¿Dónde está la Iglesia de Jesucristo con relación a la del primer siglo de hace dos mil años? ¿Qué depara el futuro para el pueblo de Dios?

Vivimos en un mundo retador que está maduro para el mover del Espíritu. Los principios de moralidad en la mayoría de las naciones se están desintegrando. La familia tradicional se está erosionando. Los mercados financieros amenazan con desmoronarse. Guerras y una nueva ronda de ataques terroristas desgarran al inocente, mientras los gobiernos se están alineando extrañamente con un "Nuevo Orden Mundial". Plagas y hambrunas se extienden. Vivir exige valor.

En medio de estas tendencias, la iglesia estadounidense aparece muy fragmentada, anémica y luchando por recapturar su parte de la Gran Comisión: predicar el evangelio a toda nación y discipular a todo el que cree (ver Mateo 28:19). En verdad, estamos viendo resultados increíbles en Asia, Latinoamérica y África, pero a pesar de estos emocionantes desarrollos, después de dos mil años, se mantiene el hecho de que no hemos finalizado nuestra tarea todavía.

¿Cómo ve Dios la Iglesia en esta hora? Las condiciones mundiales no son una sorpresa para Él, tampoco lo es el estado del Cuerpo de Cristo. Su plan trae una solución para las crisis, y oportunidades, de esta hora crítica. Ahora más que nunca, el pueblo de Dios necesita entender la perspectiva divina sobre la Iglesia en un mundo amaneciendo en un nuevo milenio, una que integra esperanza para el futuro con una promesa del ayer.

¡La damisela no está muerta!

En Marcos 5, leemos la historia de un encuentro entre el Señor y un hombre llamado Jairo. Aunque su hija estaba al borde de la muerte, Jairo sabía que si Jesús venía, ella viviría. Para el momento en que Jesús llegó con Jairo a su casa, donde su hija estaba esperando, los transeúntes le habían dado la noticia de que la joven ya estaba muerta y que era muy tarde para que se recuperara. Jesús tenía una visión radicalmente diferente de la situación: "La damisela no está muerta, sino duerme" (v. 39). A pesar de las burlas de la multitud, Jesús pronunció una orden dadora de vida: "Niña... levántate" (v. 41). De inmediato, ella se levantó y caminó. Jesús luego mandó a su familia a que la alimentara.

Este relato puede verse como un cuadro profético alentador de la Iglesia en los momentos iniciales del siglo veintiuno. La damisela puede verse como un retrato del Cuerpo de Cristo, que *parece* estar descansando al borde de la muerte. Muchos en los Estados Unidos están diciendo que la Iglesia tiene poca esperanza de recuperación; otros están proclamando que ya está muerta.

Jesús, sin embargo, está construyendo su Iglesia activamente alrededor del mundo y tiene una visión completa y diferente de las cosas. Ella no está muerta, especialmente en muchas naciones del Tercer Mundo como Corea, Brasil, Argentina y Filipinas. En los Estados Unidos, es como si hubiéramos estado dormidos y un Cristo viviente está ahora despertándonos por su poder. Él está pronunciando una orden dadora de vida a su pueblo hoy:

> Levántate, resplandece; porque ha venido tu luz, y la gloria de Jehová ha nacido sobre ti. Porque he aquí que tinieblas cubrirán la tierra, y oscuridad las naciones; mas sobre ti amanecerá Jehová, y sobre ti será vista su gloria (Isaías 60:1, 2).

Todavía hay vida en nosotros. Como la joven, nuestros años más emocionantes están por venir. Por *su* toque dador de vida y alguna comida sólida, la Iglesia va a levantarse y a cambiar al mundo.

LA PRIMERA OLA APOSTÓLICA

Cuando los discípulos recibieron el Espíritu Santo en Pentecostés, una ola masiva del poder de Dios golpeó la tierra. La gente estaba abrumada con el derramamiento dinámico de poder espiritual. Las multitudes se derramaban en medio de la calle. Las autoridades civiles y religiosas trataban de controlar lo que ya era incontrolable. Pedro lo definió: El Espíritu de Dios estaba siendo derramado sobre toda carne.

> Porque éstos no están ebrios, como vosotros suponéis; puesto que es la hora tercera del día. Mas esto es lo dicho por el profeta Joel: Y en los postreros días, dice Dios, derramaré de mi Espíritu sobre toda carne, y vuestros hijos y vuestras hijas profetizarán; vuestros jóvenes verán visiones, y vuestros ancianos soñarán sueños; y de cierto sobre mis siervos y sobre mis siervas en aquellos días derramaré de mi Espíritu, y profetizarán. Y daré prodigios arriba en el cielo, y señales abajo en la tierra, sangre y fuego y vapor de humo; el sol se convertirá en tinieblas y la luna en sangre, antes que venga el día del Señor, grande y manifiesto; y todo aquel que invocare el nombre del Señor, será salvo (Hechos 2:15, 21).

Las observaciones de Pedro continúan en Hechos 2 para indicar que habría una continuación de este derramamiento en las próximas generaciones: "Porque para vosotros es la promesa, y para vuestros hijos, y para todos los que están lejos; para cuantos el Señor nuestro Dios llamare" (v. 39). Pedro declaró lo que ellos estaban experimentando, el Espíritu de Dios estaba siendo derramado en cumplimiento de la profecía. Confirmó el glorioso hecho de que la promesa de Joel era para *las futuras generaciones* también. Derramamientos adicionales del Espíritu estaban viniendo, y los resultados igualarían a los del Día de Pentecostés.

El resultado de la primera ola apostólica fue increíble. El Espíritu de Dios invadió el mundo y nació la Iglesia. Por primera vez en la historia, los hombres apostólicos, cambiaron por el poder de Dios, predicaron el evangelio con una intensidad santa. Los milagros fueron hechos públicamente. Siguieron arrepentimientos masivos y conversiones dramáticas. Las ciudades fueron transformadas y la oscuridad retrocedió. Y por décadas después, regiones enteras se estremecieron bajo la influencia del Espíritu de Dios con resultados similares, hasta que los apóstoles ganaron la reputación de aquellos a través de quienes el mundo conocido estaba al revés (ver 17:6).

William Steuart McBirnie, un historiador de la Iglesia y connotado erudito, escribió:

> Durante la vida de los apóstoles el Evangelio de Cristo se había extendido a lo largo de los caminos romanos, así como por el mar, a lugares tan lejanos como Gaul o Bretaña hacia el noroeste, Alejandría y Cartago sobre la costa de África hacia el sur, Sitia y Armenia [¡en lo que fue la antigua Unión Soviética!] hacia el norte y Persia e India hacia el este. En el curso de este arranque inicial del fervor cristiano, los doce apóstoles, y muchos otros también llamados así, llevaron el mensaje cristiano a grandes extremos de distancia y hacia tierras peligrosas tanto cerca como lejos, hasta más allá del Imperio Romano. Allí murieron, pero su mensaje y las iglesias que fundaron los sobrevivieron.[1]

La primera ola apostólica chocó con la historia, y en un período de tiempo muy corto el mundo vino a ser un lugar muy diferente.

El espíritu apostólico

Una de las cosas que aprenderemos en este libro es que el Espíritu de Dios es un "Espíritu Apostólico"; su naturaleza y personalidad son apostólicas. La palabra "apóstol" del Nuevo Testamento significa "enviado". El Espíritu de Dios ha sido enviado a nosotros (ver Gálatas 4:6), pero hay algo más que considerar. *El resultado del Espíritu de Dios siendo derramado fue una activación del verdadero ministerio apostólico, lo cual nos dice que el Espíritu que generó estos resultados debe ser en sí mismo apostólico.* El Espíritu de Dios, en su carácter y personalidad, es sobrenatural, invasivo y transformador de vida, y cuando es derramado podemos esperar ver resultados apostólicos: milagros, invasiones de su obra y vidas transformadas.

Aunque el primer movimiento del espíritu apostólico fue extraordinario, no debemos olvidar que otros movimientos, según Pedro, estaban llegando. Como hemos visto, la promesa del derramamiento no era sólo para la generación de creyentes de Pentecostés, sino para las generaciones por venir. Observando la historia, sí vemos que los movimientos subsiguientes del Espíritu de Dios han venido. Por ejemplo, piense en las cosas maravillosas que Dios hizo durante la Reforma, los grandes despertamientos en los Estados Unidos, el resurgimiento evangélico en Inglaterra y los movimientos pentecostales y carismáticos de este siglo. Ninguno de ellos, sin embargo, iguala al derramamiento del Espíritu como en Pentecostés. Hemos leído grandes reportes en la historia de la Iglesia de estos tipos de visitaciones, particularmente dentro de los últimos ciento cincuenta años, pero algo más grande está establecido seguramente para el futuro.

Un movimiento de Dios al final del tiempo está llegando y eclipsará a todos los otros resurgimientos en la historia. Robert E. Coleman, un connotado autor evangélico, concuerda cuando escribe: "Es posible distinguir el contorno de un futuro movimiento de resurgimiento que hará palidecer cualquier cosa vista por comparación".[2] *Otra ola espiritual está a punto de venir de un lado a otro de la tierra, y esta será la más grande.*

LA OLA APOSTÓLICA ACTUAL

Muchos sienten que en el presente esta ola está remontando vuelo, que la Iglesia ya está saboreando los primeros frutos de otro resurgimiento masivo de fin del tiempo. Una explosión de proporción apostólica está golpeando al mundo. Estamos viviendo en los primeros momentos de una marea cambiante dentro de la Iglesia y, como la primera ola, esta dará forma a nuestro nuevo milenio.

Como evidencia, considere estos hechos. El ritmo en que está creciendo la Iglesia en este siglo es explosivo. Las cosas imposibles por las cuales intercedimos hace sólo una década están cambiando ante nuestros propios ojos. Es de conocimiento común que la destrucción del Muro de Berlín y la disolución de la Unión Soviética causaron que el evangelio corriera libremente dentro de Rusia y los antiguos estados soviéticos. Lo que parecía sin esperanza en la África subsahárica durante el levantamiento del Islam ha retrocedido ahora a medida que el cristianismo se ha convertido en la fuerza espiritual allí. La gélida resistencia a Cristo que ha sido real en Inglaterra se está derritiendo bajo el fuego de la renovación extendida.

Los reportes desde detrás de la cortina de bambú en China y en otras partes de Asia declaran que miles multiplicados de creyentes se agregan a la Iglesia a diario. América Latina está experimentando actualmente un resurgimiento explosivo y aparentemente perpetuo. En Corea, Buda se está inclinando al señorío de Jesucristo a medida que el cristianismo crece de forma estable para llegar a ser el poder espiritual predominante. Seguramente otras naciones están a punto de experimentar visitaciones similares.

Los datos de crecimiento de la Iglesia para la década pasada son igualmente alentadores. Cerca de doscientos setenta y cinco millones cristianos comprometidos y activos se reportaron mundialmente en 1980. Desde ese momento, estimaciones confiables apuntan a una ola de conversiones mundialmente totalizando unas 80,000 almas que vienen a Cristo todos los días, ¡y un mínimo de 20,000 de ellas se está convirtiendo a diario detrás de la cortina de bambú de la China comunista![3] Debemos entender que estas cifras solas exceden en mucho las conversiones iniciales de las primeras décadas de la Iglesia después de Pentecostés y de la rápida extensión del evangelio en el primer siglo.[4] ¡La ola apostólica actual ya se eleva por encima de la primera!

Las fases iniciales de la ola apostólica moderna han puesto oportunidades increíbles a nuestro alcance. ¡Por primera vez en la historia, los misiologistas piensan que tenemos todos los recursos necesarios, espirituales, financieros y humanos, para cumplir la Gran Comisión para el final de esta década! David Shibley, un estadista y misionero, anuncia: "Algo histórico está sucediendo. Por todo el mundo los cristianos están sintiendo que esta es la hora de Dios para la cosecha global. Toda corriente importante de la cristiandad está apuntando hacia el año 2000 como el blanco para cumplir la Gran Comisión de Cristo. La convergencia de eventos y gente para finalizar la tarea no tiene precedentes".[5]

La ola actual del espíritu apostólico ya empequeñece cualquier cosa que los apóstoles pudieran haber visto o imaginado en el primer movimiento apostólico. Parece que estamos entrando en una visitación de proporción mayor que Pentecostés, y es exactamente como dijo Joel que sería (ver Joel 2:28, 29). El Espíritu Santo está irrumpiendo en la historia otra vez, sólo que ahora ¡viene sobre nuestra generación!

Esta ola reactivará el verdadero ministerio apostólico para la cosecha. Dado que el Espíritu está siendo derramado y puesto que Él es un Espíritu apostólico, *debe* resultar en los apóstoles y en un movimiento apostólico.

Parece que la hora está madura para el surgimiento de un movimiento de apóstoles en los días modernos. John Dawson declara enfáticamente que "este es el tiempo para la prominencia restaurada del ministerio de los apóstoles".[6] Estos son los días que Bill Hamon, un profeta vanguardista en la Iglesia, previó hace una década cuando anunció:

> Los noventa serán la década de los apóstoles. La restauración total del apóstol en los noventa traerá una restauración de toda la autoridad apostólica y las señales y maravillas del don de la fe y la obra de milagros. El oficio ordenado por Cristo y el ministerio del apóstol será reconocido, aceptado y magnificado poderosamente por todo el mundo cristiano.[7]

CÓMO ENTENDER LAS ETAPAS DE LA COSECHA FINAL

¿Cómo culminará esta ola? ¿Cuándo veremos la totalidad de la restauración del oficio de apóstol y que suceda el movimiento apostólico? Jesús, cuando enseñó acerca de la cosecha y del movimiento del Espíritu de Dios, reveló un principio relevante para nosotros en Marcos 4:

> Decía además: Así es el reino de Dios, como cuando un hombre echa semilla en la tierra; duerme y se levanta, de noche y de día, y la semilla brota y crece sin que él sepa cómo. Porque de suyo lleva fruto la tierra, primero hierba, luego espigas, después grano lleno en la espiga; y cuando el fruto está maduro, en seguida se mete la hoz, *porque la siega ha llegado* (vv. 26-29, énfasis del autor).

Durante dos mil años, la semilla espiritual ha sido sembrada por la Iglesia, el Evangelio ha sido predicado y los mártires han ofrecido sus vidas como la semilla máxima. Jesús dijo que estas preciosas semillas brotarían en la tierra de repente y sin explicación, y su aparición se manifestaría en fases discernibles: "Primero hierba, luego espigas, después grano lleno en la espiga" (v. 28).

En términos del movimiento apostólico actual, ahora parece que estamos en el tiempo de la hierba, alistándonos para ver la espiga del fruto y ansiando la manifestación total y la madurez de la cosecha. La entendida vigilante de cosecha Cindy Jacobs predice: "En la década de los noventa una gran cosecha será recogida".[8] Estamos sintiendo sólo las fuerzas iniciales de esta corriente increíble del

Espíritu; la mayor parte del poder se encuentra justo delante de nosotros. Santiago nos promete que antes de la cosecha, una lluvia tardía
del Espíritu de Dios caerá (ver Joel 2:28; comparar con Santiago
5:17, 18). El derramamiento que anuncia la cosecha está llegando.

EL MOVIMIENTO APOSTÓLICO
PARECE CIERTO

Algunas razones nos ayudan a afirmar que un movimiento apostólico
mundial está sobre nosotros:

1. *Dios está restaurando progresivamente a la Iglesia a su
   modelo neotestamentario.* Este modelo involucra a pastores, maestros, evangelistas y profetas, pero no estará completo hasta que el apóstol sea verdaderamente restaurado
   (ver Efesios 4:11). En este punto, los apóstoles son un eslabón faltante en la cadena del ministerio que Dios ha diseñado para operar en el Cuerpo de Cristo.
2. *El apóstol se necesita hasta que el Cuerpo alcance madurez* (ver v. 13). Pocos discutirían que hemos llegado. Es iló-
   gico pensar que Dios retendrá a los apóstoles en esta época
   crítica, especialmente considerando el papel vital que juga-
   ron al extender la Iglesia Primitiva.
3. *Ya lo podemos ver sucediendo.* Como hemos visto, cosas
   emocionantes están ocurriendo a medida que la Iglesia entra a dimensiones apostólicas alrededor del mundo.

ACLAREMOS LOS TÉRMINOS

Antes de seguir adelante esforzándonos por identificar los detalles
del movimiento apostólico y del ministerio de los apóstoles, ayudará
si aclaramos algunos términos clave.

¿Qué es un apóstol? A lo largo de la historia de la Iglesia, el título
"apóstol" ha sido utilizado en diversas formas para significar una
variedad de cosas. Por ejemplo, se ha referido a los "doce apóstoles"
que Jesús asignó (ver Mateo 10:2-4). En la tradición evangélica pro-
testante, influenciada por la teología cesacionista,[*] el apostolado se
restringe usualmente a estos doce con quizás algunas excepciones.

---

[*] Los cesacionistas afirman (usando 1 Corintios 13:8-10 y Juan 16:13) que los dones carismáticos descritos en las epístolas y en Hechos cesaron en el primer siglo y
fueron remplazados por el canon de la Escritura del Nuevo Testamento. Por favor,
refiérase al capítulo 12 para mi posición sobre el cesacionismo.

En el capítulo 4, haremos un caso fuerte para la existencia de muchos apóstoles en el Nuevo Testamento *además de los doce*, incluyendo apóstoles tan notables como Pablo y Bernabé.

El término apóstol ha sido utilizado también para referirse a los líderes de las primeras misiones cristianas a un país, tal como San Patricio de Irlanda o San Cirilo de los eslavos. Estos hombres, y muchos otros pioneros plantadores de obras, son vistos correctamente como apóstoles por la Iglesia dado que fueron responsables de extender la cristiandad a tierras extranjeras, tal como los apóstoles bíblicos.

En las tradiciones católica romana, ortodoxa oriental y episcopal, el término "apóstol" se asocia usualmente con *sucesión apostólica*, la doctrina que la gracia y la autoridad de Cristo ha descendido desde los doce apóstoles originales a través de sus sucesores u obispos designados por la ley. Los protestantes han disputado por lo general la afirmación de la sucesión apostólica porque esta depende más de la tradición extrabíblica de la Iglesia que de la clara interpretación de la Escritura.

Varios otros usos bastante comunes de la palabra "apóstol" o "apostólico" son los siguientes: Desde el siglo diecisiete la primera generación de líderes de la Iglesia según el Nuevo Testamento fue etiquetada como "los Padres Apostólicos". La afirmación más ampliamente aceptada de fe entre los cristianos es el "credo de los apóstoles". Una de las órdenes de alabanza más populares en las iglesias ortodoxas orientales y en la Iglesia Católica Romana es la "tradición apostólica"; y muchos protestantes interpretan el don de *apóstol* como *misionero*.

Nuestra definición, sin embargo, es en cierta manera diferente. En este libro, estamos definiendo a un "apóstol" como uno que es llamado y enviado por Cristo para ejercer la autoridad espiritual y tener el carácter, los dones y las habilidades para alcanzar y establecer exitosamente el reino de la verdad y el orden, especialmente a través de la fundación y supervisión de iglesias locales.

Otras definiciones son importantes también: el *pueblo apostólico* son los cristianos que apoyan y participan en el ministerio apostólico, pero no son apóstoles verdaderos. El pueblo apostólico trabaja con los apóstoles para alcanzar al perdido a través del alcance dinámico, plantación y nutrición de iglesias. Las *iglesias apostólicas* son aquellas que reconocen y se relacionan con los apóstoles de los días modernos y son activas en variadas formas de ministerio apostólico.

El movimiento apostólico es la activación mundial del Espíritu Santo, de los apóstoles y del pueblo apostólico para juntarse como parte del gran resurgimiento sobre la tierra. A través de este libro, estaremos explicando más estos términos y cómo se relacionan con lo que Dios está haciendo hoy.

El lector podría bien preguntar en esta conexión: ¿Son tan importantes los apóstoles? Como veremos, la labor restaurada de las funciones de los apóstoles del Nuevo Testamento no sólo es *importante*, sino que también es *crítica*. Los apóstoles son primeros en el ministerio de la Iglesia (ver 1 Corintios 12:28). Los apóstoles son una parte esencial del equipo que Dios ha formado para que la Iglesia pueda ser edificada (ver Efesios 4:11-17). Los apóstoles son sabios maestros constructores que Dios ha dado para que la Iglesia pueda ser adecuadamente levantada (ver 1 Corintios 3:10). Sin el apóstol, el equipo está incompleto, y la Iglesia no puede ser bien edificada. Creo verdaderamente que a medida que regresemos al patrón bíblico de los apóstoles y del pueblo apostólico, nos moveremos rápidamente más cerca a la reactivada Iglesia neotestamentaria que se requiere en esta hora.

EL PROPÓSITO DE ESTE LIBRO

¿Qué deberíamos hacer a la luz de estas cosas? Debemos responder con sabiduría y pasión, moviéndonos juntos en la misma dirección del Espíritu de Dios, completamente conscientes de su plan para la consumación de esta era. Aquellos que fallen en apreciar y participar en este movimiento perderán lo que puede determinar la más grande oportunidad en la historia de la Iglesia.

El propósito de este libro es alertar al Cuerpo de Cristo en cuanto a que una gran figura apostólica está floreciendo en medio nuestro, y se está desarrollando en una emocionante manifestación de este ministerio. Las verdades escriturales y proféticas ayudarán al Cuerpo de Cristo a estar consciente de la naturaleza y el propósito del movimiento apostólico. Necesitamos ánimo y dirección en cuanto a cómo fluir con este movimiento, y las directrices e inspiración para el vasto número que son llamados a convertirse en la nueva generación de apóstoles y pueblo apostólico.

La Iglesia está viva y lista para brillar. Como en Pentecostés, el Espíritu de Dios está siendo derramado otra vez con resultados emocionantes. ¿Qué más podría contar para el progreso que estamos haciendo en tantos países, como hemos visto? Esta segunda gran ola del Espíritu, ahora en las primeras etapas de avance, culminará con nada menos que la cosecha final de la tierra. Otra chispa destellante de su presencia está lavando la tierra, sólo que esta vez los resultados serán más grandes, tal como Cristo profetizó:

> De cierto, de cierto os digo: El que en mí cree, las obras que yo hago, él las hará también; y aun mayores hará, porque yo voy al Padre (Juan 14:12).

El mundo está esperando y listo para que Dios se mueva. La Iglesia está despertando y, como fue en Pentecostés, Dios está enviando su poder para cambiar la historia. Cuando esto termine, un rastro de hazañas apostólicas quedará atrás, el plan de Dios será cumplido y la cosecha será recogida. Dado que Él está enviando su Espíritu ahora, debemos recibir la obra maravillosa que está haciendo de modo que *atrapemos esta emocionante ola*.

Notas

1. William Steuart McBirnie, *The Search for the Twelve Apostles* [La búsqueda de los doce apóstoles] (Wheaton, IL: Tyndale House, 1978), p. 38.
2. Ralph D. Winter y Steven C. Hawthorne, eds., *Perspectives on the World Christian Movement* (Perspectivas sobre el movimiento cristiano mundial), The William Carey Library, Pasadena, 1992, p. B-220.
3. C. Peter Wagner, *"Nuevo equipo para el empuje final"*, Ministries Today (Enero-Febrero 1994), p. 28.
4. Ibíd.
5. David Shibley, *A Force in the Earth* [Una fuerza en la tierra] (Lake Mary, FL: Charisma House, 1989), pp. 13-14.
6. John Dawson, *Taking Our Cities for God* [Tomando nuestras ciudades para Dios] (Lake Mary, FL: Charisma House, 1989), p. 11.
7. Bill Hamon, *Prophets and the Prophetic Movement* [Profetas y el movimiento profético] (Shippenburg, PA: Destiny Image, 1990), p. 49.
8. Cindy Jacobs, *Conquistemos las puertas del enemigo* (Nashville TN: Caribe-Betania, 1993), p. 68.

ATRAPA LA OLA

Mi familia y yo amamos el clima balsámico, las playas prístinas y las aguas azul celestes de las islas hawaianas. Algunos de nuestros más grandes recuerdos son de días que pasamos juntos, relajándonos juguetonamente y disfrutando el sol.

En muchas ocasiones como esas, he observado la asombrosa habilidad de la gente local mientras surfean. Utilizando una combinación de intuición y experiencia, reman sobre sus tablas coloridas hasta el punto justo en el agua, posicionándose cuidadosamente en relación con la ola que se acerca. Casi siempre hay un instante de suspenso y entonces, muy de repente, se levantan sobre sus tablas con un equilibrio y belleza que parece desafiar las leyes naturales. Remontando hacia arriba y hacia adelante a medida que avanzan, son llevados triunfantemente hacia la orilla por la espuma rizada. Esto se llama *atrapar la ola*, y es una vista inspiradora.

La Iglesia de hoy está en la misma posición que el surfista esperando una ola. Dios está preparándonos ahora para un movimiento asombroso del Espíritu. Nuestro tiempo y posición son vitales y nuestro éxito depende de la posición y la anticipación. Aunque es emocionante saber que una ola del Espíritu Santo se está levantando, es esencial que estemos completamente posicionados para *atraparla* a medida que llegue.

En este capítulo, veremos la ola del movimiento apostólico que se aproxima usando los ojos proféticos: cómo lucirá, cómo podemos atraparla y dónde nos llevará.

En Pentecostés, la primera ola se derramó en las calles, villas y naciones, rápidamente sobrepasó al mundo. Fue como la ola que rompe y furiosamente se extiende sobre sí misma y sobre la playa, estirándose sobre la superficie de la tierra. La ola apostólica que se aproxima será similar. Después que la tierra sienta el trueno de su choque, hará una distribución rápida de los apóstoles y del pueblo apostólico nacido en el movimiento hasta que sea cubierta y su presencia se sienta por doquier.

¿QUÉ SERÁ EL MOVIMIENTO APOSTÓLICO?

A lo largo de lo que queda de este libro, el enfoque estará sobre el desarrollo y la comprensión de los ingredientes clave del movimiento apostólico emergente. En general, esto será medido en cuatro dimensiones importantes.

1. Una restauración en el oficio del apóstol del Nuevo Testamento

Ocurrirá una manifestación completa de la función apostólica escritural dentro del Cuerpo de Cristo en el ámbito mundial. Juan Calvino, el reformista, fue preciso cuando dijo de los apóstoles que el Señor "una y otra vez los revive como lo demanda la necesidad del tiempo".[1] Nunca antes la necesidad del tiempo ha demandado una manifestación más grande del ministerio apostólico. Las naciones serán visitadas por una nueva compañía de apóstoles que actuarán como lo hicieron los apóstoles de la Iglesia Primitiva. Esto constituirá una nueva generación de *apacentadores apostólicos*. El número de estos apóstoles no puede conocerse, pero dada la tarea de llevar a las naciones la cosecha final, es probable que el número alcance los miles.

En el capítulo 6, trataremos la pregunta "¿Qué es un apóstol?" en detalle, y luego en capítulos posteriores desarrollaremos estas ideas. Observaremos el trabajo de un apóstol al "Plantar y regar para aumentar" (capítulo 7), su corazón en "Las señales de un apóstol" (capítulo 8), y la falsificación de Satanás de los verdaderos apóstoles, "Falsos apóstoles" (capítulo 10). Otros capítulos nos ayudarán a completar el cuadro del verdadero ministerio de un apóstol como se manifestará en este movimiento.

2. Una impartición de la unción apostólica de Cristo

La unción de Cristo el apóstol (ver Hebreos 3:1) refrescará y activará a la Iglesia. Los apóstoles figuran centralmente en el plan de Dios para esta hora, pero ellos no actuarán solos. El apóstol es dado por Cristo para equipar, madurar y activar al pueblo de Dios (ver Efesios 4:11,12), haciéndonos un *pueblo apostólico*. En este libro, estamos explorando el lugar que el pueblo que no es llamado a ser apóstoles puede jugar en la cosecha mundial y, como se mencionó anteriormente, estamos identificándolo como pueblo apostólico. Como descubriremos, cualquiera que sea enviado por Dios es apostólico, aun si la persona no es apóstol.

El Espíritu de Dios será derramado para habilitar el proceso de multiplicar al pueblo apostólico y las iglesias apostólicas. Esto constituirá una visitación tangible de Dios a su pueblo, y probablemente atraerá gran atención. Más importante, el Cuerpo de Cristo se enfocará, sensible y consagradamente a alcanzar al planeta Tierra como nunca antes. En el capítulo 4, nos concentraremos en desarrollar el concepto de "Cambiar al mundo a través del pueblo apostólico". Este es uno de los aspectos más emocionantes del movimiento apostólico.

3. Un resurgimiento dramático de las señales, maravillas y lo milagros sobrenaturales

Si planeamos ver el oficio de apóstol restaurado y un derramamiento de la unción apostólica sobre el Cuerpo, también atestiguaremos los tipos de milagros y señales que siguieron a los apóstoles del primer siglo. Como aprenderemos en el capítulo 8, "Las señales de un apóstol", y en el capítulo 12, "Los apóstoles y el poder sobrenatural", existe una correlación clara como el cristal entre el ministerio de los apóstoles en el Nuevo Testamento y la dimensión sobrenatural. En última instancia, los *apacentadores apostólicos y el pueblo* apostólico caminarán bajo poder *apostólico*. El enfermo será sanado, y el oprimido será liberado en grandes números. Como resultado, muchos se convertirán y la luz del evangelio rebasará las tinieblas del mundo.

4. Un despliegue mundial de miles de apóstoles

Los apóstoles se desplegarán estratégicamente como el Espíritu de Dios les hable acerca de las ciudades y naciones a alcanzar. El despliegue trascenderá los grupos, las juntas directivas y agencias denominacionales, y no será la obra de una sola organización. Se harán muchos "llamados macedonios" modernos (Hechos 16:9, 10). El Espíritu de Dios hablará en reuniones proféticas acerca de llamados individuales, y los apóstoles serán enviados como a Antioquia (ver Hechos 13:1-3). Muchos tomarán su lugar en la arremetida final de la evangelización mundial a través de este *posicionamiento apostólico* transformador de vidas. Cada apóstol será único, pero caminará en los modelos de los apóstoles de la Iglesia Primitiva, viajando, ministrando estratégicamente y construyendo el Reino de Dios.

Para resumir, *el movimiento apostólico consistirá en una compañía de apacentadores apostólicos que demostrarán poder apostólico y llevarán al pueblo apostólico a posiciones apostólicas por todo el mundo.*

¿Esto puede dar resultados en nuestra Iglesia?

A lo largo del proceso de preparar este libro, he disfrutado hablando con personas con antecedentes teológicos históricos, fundamentalistas y no carismáticos acerca del asunto de los apóstoles de los días modernos. Sin sorpresa alguna, he hallado una apertura creciente a los apóstoles entre muchos de ellos. Creo que esto es cierto por dos razones:

1. Está claro que Dios está preparando a toda la Iglesia, no sólo a parte de ella, para ser usados en este movimiento emocionante del Espíritu. Después de todo, somos un cuerpo y Dios no tiene ningún hijo favorito.

2. Un estudio a profundidad de los apóstoles modernos es bastante convincente. Todos creemos en los misioneros, que a través de la historia han servido como los apóstoles de sus días, aunque no siempre con ese nombre. Sea que los llamemos o no apóstoles o misioneros, no podemos pasar por alto la invaluable contribución de personas como Zinzendorf y los moravos, William Carey en India, Hudson Taylor en China, los puritanos, los pietistas o los muchos otros miles a lo largo de la historia de la Iglesia que han extendido el evangelio y establecido iglesias. Nadie podría negar que tales ministerios se necesiten hoy en gran número. Considerando la comprensión que tenemos en el área del ministerio apostólico, creo que muchos principios resumidos aquí podrían ser provechosamente transferidos a lo que ahora se estima como obra misionera.

Es más, lo que llamamos los dones ministeriales quíntuples de Efesios 4:11 no es un paradigma puramente pentecostal o carismático. Es un modelo bíblico que todo el Cuerpo de Cristo puede, y debe, utilizar. No estamos muy lejos. En el brazo carismático de la Iglesia, los evangelistas, los pastores y los maestros son tan comunes como lo son en el brazo no carismático. Los ministerios proféticos se aceptan ampliamente, sobre todo en la iglesia carismática. Los misioneros son parte de ambos marcos teológicos. Nos estamos acercando.

Para estar seguros, algunas diferencias tangibles todavía existen en nuestras redes teológicas. No puedo predecir con precisión cuánto de esto cambiará ni cuándo. La meta obvia en la Escritura es: "Hasta que todos lleguemos a la unidad de la fe" (Efesios 4:13). Ahora necesitamos permitirle al Señor que nos estire y hale juntos alrededor de los modelos de su palabra. Verdaderamente creo que ya lo está haciendo. Con algún estudio cuidadoso, diálogo abierto y oración ferviente, el movimiento apostólico puede prosperar entre la gente de cualquier tradición eclesial.

UN MOVIMIENTO NACIDO ESPIRITUALMENTE

¿Cómo se manifestará esta poderosa visitación? Antes de que podamos comprender los detalles de este movimiento y del ministerio que hará resaltar, debemos construir una base de entendimiento que nos capacite para atrapar la totalidad de lo que Dios quiere hacer. Me gustaría presentar dos analogías sencillas que creo nos ayudarán. Las imágenes duales de una *ola* y un *nacimiento* ilustrarán algunas dimensiones importantes del movimiento apostólico emergente.

Dado que una poderosa ola apostólica se liberó sobre la tierra con el nacimiento de la Iglesia, tenemos un modelo maravilloso por el cual podemos comenzar a anticipar la ola actual. Puesto que la primera ola engendró la Iglesia, es apropiado que consideremos la presente como otro nacimiento; no de la Iglesia, como en Pentecostés, sino uno *dentro* de la Iglesia. Este movimiento constituirá un renacimiento maravilloso del poder apostólico de Dios dentro del Cuerpo de Cristo.

Todos los nacimientos espirituales son resultado de una relación. En Romanos 7, la relación de los creyentes con Cristo se ilustra como una poderosa unión que resulta en última instancia en un glorioso nacimiento espiritual. Este principio forma el fundamento de un entendimiento del nacimiento de cualquier vida espiritual auténtica en el pueblo de Dios. Considere esta maravillosa ilustración espiritual:

> ¿Acaso ignoráis, hermanos (pues hablo con los que conocen la ley), que la ley se enseñorea del hombre entre tanto

que éste vive? Porque la mujer casada está sujeta por ley
al marido mientras éste vive; pero si el marido muere, ella
queda libre de la ley del marido. Así que, si en vida del
marido se uniere a otro varón, será llamada adúltera; pero
si su marido muriere, es libre de esa ley, de tal manera que
si se uniere a otro marido, no será adúltera. Así también
vosotros, hermanos míos, habéis muerto a la ley mediante
el Cuerpo de Cristo, para que seáis de otro, del que resu-
citó de los muertos, a fin de que llevemos fruto para Dios.
Porque mientras estábamos en la carne, las obras pecami-
nosas que eran por la ley obraban en nuestros miembros
llevando fruto para muerte. Pero ahora estamos libres de
la ley, por haber muerto para aquella en que estábamos
sujetos, de modo que sirvamos bajo el régimen nuevo del
Espíritu y no bajo el régimen viejo de la letra (Romanos
7:1-6).

Siguiendo en el capítulo 8, Pablo alude al *proceso* del nacimiento
espiritual, el cual implica los gemidos y el dolor de parto de la intercesión. Como lo ha señalado Cindy Jacobs: "El espíritu de la oración que cae sobre las naciones y los pueblos realmente constituye
los dolores de parto del renacimiento".[2] Nota las verdades acerca
del dolor de parto y el nacimiento, que también dan forma a nuestro
entendimiento respecto al movimiento del Espíritu de Dios entre su
pueblo:

Porque sabemos que toda la creación gime a una, y a una
está con dolores de parto hasta ahora; y no sólo ella, sino
que también nosotros mismos, que tenemos las primicias
del Espíritu, nosotros también gemimos dentro de nosotros
mismos, esperando la adopción, la redención de nuestro
cuerpo. Porque en esperanza fuimos salvos; pero la esperanza que se ve, no es esperanza; porque lo que alguno ve,
¿a qué esperarlo? Pero si esperamos lo que no vemos, con
paciencia lo aguardamos. Y de igual manera el Espíritu
nos ayuda en nuestra debilidad; pues qué hemos de pedir
como conviene, no lo sabemos, pero el Espíritu mismo
intercede por nosotros con gemidos indecibles. Mas el
que escudriña los corazones sabe cuál es la intención del
Espíritu, porque conforme a la voluntad de Dios intercede
por los santos (Romanos 8:22-27).

Cuando nuestra relación con Cristo es vista a través de las alegorías de Pablo acerca del matrimonio y el nacimiento de un niño, se nos desarrollan dimensiones fascinantes acerca de la verdad. A medida que deseamos echar un vistazo en el proceso de nacimiento del próximo movimiento apostólico, ganamos luz observando a través de la alegoría de la novia de Cristo y su novio celestial.

En cualquier relación, se desarrolla un orden natural de progresión a niveles crecientes de intimidad hasta que ocurre el nacimiento. ¿Y qué acerca de nuestra relación con Jesús? ¿Cómo podría aplicar la misma verdad?

EL PROCESO DE LA NUEVA VIDA

El proceso humano del matrimonio comienza con el *cortejo*, cuando el hombre busca comprometer a la mujer y sus afectos. Cuando conocí a mi esposa, Kathy, tenía sólo 14 años de edad. Estábamos en una vigilia de oración en nuestra iglesia, que todavía era pequeña y consistía principalmente de gente joven. Cuando vi a Kathy por primera vez, ¡mi concentración en la oración fue significativamente obstaculizada! Supe entonces que esta era una chica a quien quería llegar a conocer mejor. Elegí buscar una relación con ella y, estoy, por supuesto, muy complacido de haberlo hecho. Eso fue en 1974, y hemos tenido muchas experiencias maravillosas juntos desde entonces. Todo comenzó con un hombre joven en busca de su novia.

De la misma manera, Cristo nos ha buscado y nos ha elegido para sí mismo. Jesús dijo: "No me elegisteis vosotros a mí, sino que yo os elegí a vosotros, y os he puesto para que vayáis y llevéis fruto, y vuestro fruto permanezca; para que todo lo que pidiereis al Padre en mi nombre, él os lo dé" (Juan 15:16). ¡Qué maravilloso es saber que Jesús ama a su pueblo y busca intimidad con ellos resultando en nueva vida!

El próximo paso en la relación natural es el *matrimonio*, cuando los dos se unen en el amor convenido. Mi relación con Kathy progresó hasta que nos casamos: nos comprometimos y Kathy se convirtió en ni novia preciosa. De acuerdo a la alegoría de Pablo, los creyentes están casados con Cristo. Somos la novia de Jesucristo (Efesios 5:23-32; Apocalipsis 21:2, 9; 22:17). El profundo amor y afecto de nuestra relación con Cristo está envuelto en una sábana de seguridad y una permanencia basada en las promesas convenidas.

¿Se detiene eso ahí? El próximo paso en la relación natural es la *intimidad* entre la novia y el novio. Esto viene sólo despúes que se

establece el amor acordado, y es necesario para producir el nacimiento. La implicación en la alegoría de Pablo es que la unión es una
de relación íntima. La intimidad entre el pueblo de Dios y el Señor
Jesús es una parte esencial de nuestras vidas, y es la base de todas
nuestras actividades con Dios.

Después de la intimidad viene la *concepción*, cuando la semilla
encuentra lugar en lo más íntimo del ser y comienza la nueva vida.
Kathy y yo tenemos dos hijos maravillosos que vinieron a nuestras
vidas como resultado de la concepción que sigue a la intimidad. En
nuestra relación con el Señor, su palabra viene a ser una semilla sembrada en lo profundo de nosotros para liberar nueva vida. María se
convirtió en un instrumento a través del cual Dios fue capaz de traer
la vida de Jesús. De manera similar, cuando entramos en intimidad
con Cristo, la vida de Jesús revive dentro de nosotros.

La *gestación*, un largo período de desarrollo gradual y oculto,
sigue a la concepción. Debemos recordar que el nacimiento no es
un proceso de la noche a la mañana. Como te diría rápidamente mi
esposa, en esta etapa se siente la incomodidad. Nada parece que
queda o se siente bien. Sin embargo, los milagrosos procesos de gestación están construyendo fortaleza y vitalidad dentro. De manera
similar, cuando la novia de Cristo recibe la palabra y la nueva vida se
concibe dentro de nosotros, sigue un período de espera incómoda en
el cual la palabra madura.

Cuando el proceso de gestación se completa, la novia anticipa la
llegada de la nueva vida, pero esta no puede manifestarse hasta que
un proceso doloroso e intenso conocido como *dolor de parto* viene
a sacar la nueva vida al mundo. Pablo compara el dolor de parto al
Espíritu Santo de Dios orando intensamente a través de nosotros para
que el nacimiento espiritual puede resultar (ver Romanos 8:22-27;
Gálatas 4:19). Cuando el pueblo de Dios permite que la oración "de
trabajo de parto" venga sobre ellos, no están lejos de la manifestación de un nuevo mover de Dios.

El resultado final es *nacimiento*. Este trae la nueva vida a la tierra,
y causa gran regocijo. Jesús dijo: "La mujer cuando da a luz, tiene
dolor, porque ha llegado su hora; pero después que ha dado a luz un
niño, ya no se acuerda de la angustia, por el gozo de que haya nacido
un hombre en el mundo" (Juan 16:21).

¡Tal como cualquier padre se regocija por el nacimiento de un
nuevo hijo o hija, nuestra relación con Cristo produce alegría increíble a medida que surge la nueva vida!

EL NACIMIENTO DEL MOVIMIENTO APOSTÓLICO

¿Por qué nos hemos enfocado en esta alegoría? Porque necesitamos ver que en el nacimiento de esta visitación, ciertas señales se dispararán en secuencia para marcar el desarrollo del movimiento apostólico. Es importante que seamos capaces de identificar dónde estamos en el proceso de la actividad de Dios sobre la tierra.

Podemos buscar nueva intimidad en la relación entre Cristo y su novia, llevándonos a la concepción y la gestación de una nueva vida en la Iglesia. Una señal de cualquier mover de Dios es una renovación de la alabanza en la Iglesia, que revela intimidad relacional. Esta intimidad nos lleva cerca de Él, lo suficientemente como para escuchar sus mismos latidos por el mundo. Entonces estamos listos para la semilla de su Palabra diciendo: "Que se levanten los apóstoles". Una vez que esa semilla se afianza dentro de nosotros, somos cambiados para siempre. La gestación puede incomodarnos, y hasta probar nuestra paciencia, pero nuestra recompensa será ver el fruto real naciendo como un nuevo mover de la presencia de Dios sobre la tierra. Justo antes de la revelación total de este mover, veremos un período de intercesión intensa y trabajo arduo, como Sion que origina una nueva dimensión de vida.

> ¿Quién oyó cosa semejante? ¿quién vio tal cosa? ¿Concebirá la tierra en un día? ¿Nacerá una nación de una vez? Pues en cuanto Sion estuvo de parto, dio a luz a sus hijos (Isaías 66:8).

LA MANIFESTACIÓN DE UN MOVIMIENTO

Cuando el fruto de esta unión salga, ¿cómo lucirá? La pregunta puede responderse en dos sentidos: primero, es posible que recuerde el derramamiento de Pentecostés que originó el primer movimiento apostólico. Segundo, guarda una semejanza asombrosa con una ola, tal como hemos visto. Considerémoslo en el lenguaje análogo de esa primera ola de Pentecostés.

Un oleaje en la superficie

Inicialmente la ola natural se mueve tranquilamente como un oleaje rodante en la superficie de las aguas, mientras que por debajo actúan fuerzas invisibles que producirán un poder increíble.

Creo que la próxima ola apostólica comenzará tal como empieza una natural. La fuerza del Espíritu se moverá fuera del vacío, tal como en la creación. "Y el Espíritu de Dios se movía sobre la faz de las aguas" (Génesis 1:2). El Espíritu de Dios está dando vueltas sobre las aguas de la Iglesia, unificando el Cuerpo, para levantar su poderosa ola. Sin ese ingrediente esencial de unidad, el poder del movimiento apostólico se disipará con rapidez.

Una proyección de energía

En Pentecostés, los creyentes se reunieron expectantes, esperando la promesa; como Cristo lo indicó. Esperaban pacientemente bajo un acuerdo, intercediendo con fervor ante el Señor.

Una ola natural, después de que el oleaje en la superficie comienza, se proyecta de repente a medida que la forma de la ola se levanta inequívocamente desde la superficie. Pronto un rizo y luego un choque ocurrirá a medida que el agitado océano explota sobre sí mismo.

Veremos tal explosión en la próxima ola apostólica. A medida que el pueblo de Dios se levante en una nueva y emocionante unidad, la dirección vendrá y el movimiento será detectado. Algunos podrían preguntar: "¿Qué significará esta ola en términos de la unidad del Cuerpo de Cristo?" No puedo decir con seguridad cómo sucederá, pero estoy seguro de que en alguna manera anunciará una unidad orgánica mayor en la Iglesia. Para estar seguros, estará claro para todos que una ola distinta está creciendo, que una energía espiritual está ganando velocidad y uniéndonos, tal como en Pentecostés. ¡Qué tiempo tan alegre será!

Una cresta en la ola

Cuando el Espíritu comenzó a moverse en el Día de Pentecostés, apareció ante los intercesores como un poderoso viento recio y una poderosa llama de fuego. El Espíritu de Dios usualmente se manifiesta en forma progresiva, como un río que comienza con unas pocas gotas y luego viene chocando a través del desierto.

La ola natural, una vez que se proyecta sobre la superficie del agua, alcanza el punto de no retorno; la energía aumenta en el interior de la ola hasta que la su cima sobrepasa la superficie y se forma la cresta. Espuma y neblina se liberan a medida que la fuerza del agua aumenta de presión y velocidad. ¿Puede ver qué viene?

Esta es una imagen de la ola apostólica que viene a la altura de su totalidad. La ola atraerá la atención y hará resonar el ruido a medida que los apóstoles actúan totalmente sobre la tierra para establecer iglesias, ganar al perdido, penetrar en la oscuridad y mostrar el poder del Espíritu de Dios.

Un estrépito imponente

El Espíritu se derramó en una efusión incontrolable aquel día en el aposento alto. Nadie podría cuestionar la calidad del cambio de vida que produjo ese espectacular momento cuando aquellos reunidos fueron bautizados en el Espíritu. ¡Qué estremecimiento y asombro deben haber venido a sus espíritus!

En el caso de la ola natural, después de esta viene un choque. A medida que se produce el ruido de truenos golpeantes de espuma a través del aire, toda la energía reprimida de la ola explota sobre sí misma a medida que el agua circula a través del aire, y ella rueda tan incontrolable e impredecible como vino nuevo.

Lo mismo será cierto a medida que la ola apostólica golpee a través de la tierra. Traerá una fuerza asombrosa y una naturaleza explosiva. La cultura fue incapaz de detener a los apóstoles en los primeros capítulos de los Hechos, de la misma manera en que nadie será capaz de detener esta ola que emana del Espíritu.

Una dispersión dinámica

En Pentecostés, el poder en el aposento alto no se quedó allí dentro; se derramó por las calles, pueblos y naciones, sobrepasando rápidamente al mundo, justo como la ola que rompe y se extiende sobre la superficie de la tierra. La etapa final de la ola apostólica será similar. Después que la tierra sienta el estruendo de su choque, ocurrirá una distribución rápida de los apóstoles y del pueblo apostólico nacidos en el movimiento hasta que la tierra sea cubierta y su presencia se sienta por doquier.

CÓMO ATRAPAR LA OLA APOSTÓLICA

Echar un vistazo a lo glorioso de este nacimiento y a la belleza de esta ola despierta nuestros deseos y nos incita a considerar cómo podemos involucrarnos. El movimiento por naturaleza buscará involucrar la participación personal de cada miembro del Cuerpo de Cristo, porque somos un cuerpo. Como con cualquier cosa en el Reino de Dios, la *realización* de esta visitación será proporcional a la *respuesta* del pueblo de Dios. ¿Cómo entonces, deberíamos prepararnos para involucrarnos? Debemos estar dispuestos a asumir cuatro compromisos sinceros.

1. *Debemos ser receptivos a lo que Dios está haciendo en nuestro día.* Debemos estar abiertos y alinearnos con el papel de Dios en este hecho final de la historia. Para muchos, ciertos aspectos de este movimiento cortan por completo las tradiciones religiosas del pasado. El movimiento apostólico del primer siglo amenazó a aquellos que no vieron su origen en el Espíritu de Dios. Ellos lo persiguieron, pero nosotros debemos pensar de forma diferente. No podemos perseguir, criticar o condenar la obra de Dios. Dado que no hemos ganado todavía al mundo aparte del ministerio del apóstol, es tiempo de que los apóstoles encuentren un lugar de aceptación en el Cuerpo de Cristo y una posición de vibrante actividad en el mundo. Debemos unirnos a Ed Murphy, un misionero y autor, que ora: "¡Que Dios levante miles de tales apóstoles del primer siglo para la Iglesia de hoy! ¡Que también nos ayude a reconocerlos cuando los levante!"[3]

2. *Debemos desear lo que Dios está haciendo.* Dios quiere inflamar una pasión espiritual ardiente en nosotros. Antes que podamos involucrarnos, debemos tener hambre y sed de rectitud. Este tipo de anticipación nos posiciona en una fe que recibe (ver Marcos 11:24). El historiador y teólogo de la Iglesia Vinson Synan ya ha identificado la existencia de este tipo de hambre. "Entre muchos carismáticos independientes, se ha desarrollado un sed de restauración de la autoridad apostólica en el Cuerpo de Cristo".[4] ¡Que aumente con cada segundo que pasa!

3. *Debemos comprometernos con lo que Dios está haciendo.* Si creemos que Dios está haciendo algo, expresaremos esta fe con la acción correspondiente. La fe sin obras es muerta (ver Santiago 2:17-20). Debemos involucrarnos con todo lo que tenemos: nuestro tiempo, nuestros talentos y nuestros tesoros. La alternativa es simplemente quedarse atrás.

4. *Debemos ser sensibles al llamado.* Tenemos un lugar en el plan de Dios. Dios quiere que su pueblo escuche el llamado. Cada soldado debe escuchar sus órdenes si quiere ganar la batalla. Debemos dejar que la Palabra de Dios dirija nuestros caminos y que aquellos en autoridad espiritual nos guíen con su consejo. Debemos escuchar la voz de Dios en oración, podría estar hablándonos a cada uno hoy.

Estamos viviendo una hora asombrosa. Una gran ola está rompiendo y dando a luz una nueva vida maravillosa. El Espíritu de Dios está liberando un poderoso movimiento apostólico. No podemos pagar el precio de perdernos lo que Dios está haciendo. Otra ola de apóstoles y de pueblo apostólico se está originando para tocar las naciones, y debemos estar posicionados para atraparla. Cuando estemos apropiadamente posicionados, estaremos listos para cumplir el *llamado apostólico*.

Notas

1. Vinson Synan, "¿Quiénes son los apóstoles modernos?", *Ministries Today* (Marzo/Abril, 1992), p. 45.
2. Jacobs, *op. Cit.*, p. 68.
3. Ed Murphy, *Dones espirituales y la gran comisión*, William Carey Library, Pasadena, 1975 (actualmente fuera de edición), p. 235.
4. Synan, *op. Cit.*, 45.

3

EL LLAMADO APOSTÓLICO

PEDRO Y ANDRÉS HABÍAN ESCUCHADO QUE JESÚS ESTABA COMENzando a predicar en su pueblo de Capernaum. "Arrepentíos porque el reino de los cielos se ha acercado" (Mateo 3:2, 4:17). El mensaje en sí mismo no era nada nuevo. Juan el Bautista había estado predicando lo mismo, ¿acaso no estaba en la cárcel por eso? Ellos habían escuchado algo acerca de las escaramuzas de Juan.

De alguna manera, las palabras de este predicador Jesús se perfilaban mayores y más autorizadas que las de Juan. Algunos decían que Él también obraba milagros. ¿Podría ser este el Mesías? Estaba causando bastante revuelo en el pequeño pueblo costero. En todo caso, no tenían tiempo para darle demasiada importancia a las últimas noticias; tenían familias que alimentar y peces que pescar. Así que siguieron con el negocio como de costumbre, hasta que una mañana estos apóstoles en formación fueron confrontados con el Cristo. Ese encuentro resultó una cita con el destino que los cambió para siempre.

"Venid en pos de mí, y os haré pescadores de hombres" (4:19). El reto fue cautivador, llevándolos como tantos peces a la red. ¿Qué quiso decir? ¿Por cuánto tiempo? ¿Y qué del negocio, las cuentas y los botes?

Sin embargo una promesa asombrosa estaba retumbando en esa invitación, un cambio de vida, un nuevo propósito más grande que cualquier cosa que hubieran conocido. ¡Estarían con Jesús! Un instinto innato los obligó, y se dispusieron a seguir el llamado apostólico.

El sonido de sus redes cayendo al suelo difícilmente fue escuchado en Capernaum ese día, pero tronó en los cielos.

El llamado apostólico aún sigue

Casi dos mil años después, Jesús continúa llamando apóstoles y pueblo apostólico. Por toda la tierra hoy, gente como Pedro y Andrés están reviviendo a la realidad de que Cristo les está llamando. Este ímpetu crece en las vidas todos los días, moviéndonos más cerca de la manifestación total del movimiento apostólico. El llamado de hoy es tan real como en cualquier momento anterior para los hombres y mujeres que se levanten y cosechen las naciones con el Señor de la cosecha. Él está caminando a orillas de nuestras cómodas vidas, retando a la gente a responder y a ser usadas para cambiar vidas y a cumplir con su destino. La pregunta para nosotros es: *¿Cuán apretadamente estamos aferrados a nuestras redes?*

El llamado apostólico es una citación para los creyentes que se emite desde el Padre a través de Jesús. Es la voz de Dios viva en nuestros espíritus, diciendo: "Ven y sígueme". Es un llamado a la Iglesia para ir a las naciones, emitida a apóstoles y a pueblo apostólico por igual. Es tanto una invitación como una orden para ser como Cristo, y abrazar sus anhelos por el mundo.

El movimiento apostólico emergente será construido sobre un intenso aumento del llamado apostólico para servir en el reino. Como un ejército, esta nueva compañía apostólica echará abajo las redes y se levantará a la orden del Señor de las huestes. Al oír el llamado, ellos combaten agresivamente contra el enemigo, tomando su territorio en la más grande campaña de la historia: *La evangelización del planeta Tierra antes de la segunda venida del Señor Jesús.*

La sabiduría y el poder del llamado apostólico

El propósito del llamado apostólico es crear apóstoles a través de los cuales Cristo el Apóstol pueda actuar sobre la tierra, madurando un pueblo de victoria, amor y semejanza a Cristo. Las palabras del apóstol Pablo describen la manera en la que los apóstoles son llamados por Cristo a perfeccionar a los santos:

> Y él mismo constituyó a unos, apóstoles; a otros, profetas; a otros, evangelistas; a otros, pastores y maestros, a fin de perfeccionar a los santos para la obra del ministerio,

para la edificación del Cuerpo de Cristo; para que ya no seamos niños fluctuantes, llevados por doquiera de todo viento de doctrina, por estratagema de hombres que para engañar emplean las artimañas del error, sino que siguiendo la verdad en amor, crezcamos en todo en aquel que es la cabeza, esto es, Cristo, de quien todo el cuerpo, bien concertado y unido entre sí por todas las coyunturas que se ayudan mutuamente, según la actividad propia de cada miembro, recibe su crecimiento para ir edificándose en amor (Efesios 4:11-16).

De acuerdo al Señor Jesús, este llamado eterno revela la maravillosa sabiduría de Dios obrando en el universo: "Por eso la sabiduría de Dios también dijo: Les enviaré profetas y apóstoles" (Lucas 11:49).

Cuando veamos a Dios levantando apóstoles en este movimiento emergente, estaremos atestiguando la realidad de la sabiduría eterna de Dios obrando en la tierra. Esta liberación de sabiduría vendrá como un golpe ofensivo contra Satanás y sus príncipes oscuros, estableciendo más aun el propósito eterno de Dios en Cristo. Cada vez que el llamado va y es contestado, la oscuridad se desliza en un grado más profundo de derrota ante el trono:

(Leyendo lo cual podéis entender cuál sea mi conocimiento en el misterio de Cristo), misterio que en otras generaciones no se dio a conocer a los hijos de los hombres, como ahora es revelado a sus santos apóstoles y profetas por el Espíritu: que los gentiles son coherederos y miembros del mismo Cuerpo, y copartícipes de la promesa en Cristo Jesús por medio del evangelio, del cual yo fui hecho ministro por el don de la gracia de Dios que me ha sido dado según la operación de su poder. A mí, que soy menos que el más pequeño de todos los santos, me fue dada esta gracia de anunciar entre los gentiles el evangelio de las inescrutables riquezas de Cristo, y de aclarar a todos cuál sea la dispensación del misterio escondido desde los siglos en Dios, que creó todas las cosas; *para que la multiforme sabiduría de Dios sea ahora dada a conocer por medio de la iglesia a los principados y potestades en los lugares celestiales* (Efesios 3:4-10, énfasis agregado).

Pocos han entendido la magnitud del apóstol y su llamado por parte de Cristo. El apóstol es una parte central de la demostración de la multiforme sabiduría de Dios; no sólo para levantar la Iglesia a la madurez, sino para derrotar al enemigo y su plan de controlar la tierra. Por eso es esencial que los apóstoles y el pueblo apostólico emerjan como parte de los eventos de finales del tiempo de la cosecha. El llamado apostólico que continúa hoy por parte de Cristo debe ser obedecido. Cada vez que una persona responde al llamado apostólico, cada vez que otra red cae a tierra, esa persona se alinea con la sabiduría y el poder del plan eterno de Dios, y asegura aun más la victoria sobre el enemigo.

SIETE ASPECTOS ESCRITURALES DEL LLAMADO APOSTÓLICO

¿Cómo viene a una persona el llamado apostólico? Sea el llamado a convertirse en apóstol, o simplemente en un cristiano apostólico, al menos siete observaciones a partir de las Escrituras solidifican nuestro entendimiento del proceso.

1. *El llamado apostólico se origina desde lo profundo del corazón del Padre*. "Toda buena dádiva y todo don perfecto desciende de lo alto, del Padre de las luces" (Santiago 1:17). El Cristo preencarnado escuchó el primer llamado de Dios, y lo siguió a la tierra donde Él se convirtió en carne (ver Hebreos 10:5-7). Allí hizo eco del llamado a los hombres escogidos. Cuando Jesús explicó "como me envió el Padre, así también yo os envío" (Juan 20:21), utilizó una palabra específica en el griego para "enviar" y "enviado". La palabra que eligió fue *apostello*, que se relaciona con el vocablo *apostolos*, del cual obtenemos "apóstol". Cristo, como apóstol, fue el *enviado* del Padre, que ahora nos envía en su nombre.

2. *El llamado apostólico, que viene del Padre, tiene su residencia eterna en Cristo, el Apóstol* (ver Gálatas 1:1; Hebreos 3:1). Él es el apóstol celestial que personifica y comunica todo lo que un apóstol terrenal debe ser. Cristo posee el ministerio apostólico y es por lo tanto el Apóstol modelo. Cuando Jesús llamó a Pedro y a Andrés, fue en nombre del Padre, pero tenía la autoridad de llamarlos. Jesús fue un reservorio eterno del llamado apostólico que el Padre le dio.

3. *Cristo imparte su apostolado a la gente* (ver Efesios 4:11). Pedro y Andrés eran personas ordinarias, pero Jesús los persiguió. Como un reservorio, compartiendo sus recursos con los cursos de aguas circundantes, Jesús depositó su llamado en ellos. Cuando estuvo sobre

la tierra, Jesús eligió y entrenó apóstoles, exponiéndolos a su propio llamado apostólico. A medida que recibieron y obedecieron el llamado, se reprodujeron en otros que continuaron el legado. Así el llamado que se originó en el corazón del Padre y vino a través de Cristo a los primeros apóstoles ha abarcado las muchas generaciones entre nosotros y ellos. Es increíble que estemos siguiendo a Cristo en parte porque ellos voluntariamente cedieron y se convirtieron en conductos del llamado del Padre.

4. *El llamado de un apóstol es personal y específico*. Jesús le dijo a Pedro y a Andrés que *los* haría pescadores de hombres. Sin duda, otros pescadores de hombres estaban presentes ese día, pero Jesús los escogió a ellos específicamente. A medida que Cristo transfiere el espíritu apostólico y el llamado, lo hace con propósito y precisión; su virtud no se desperdicia. No todo el mundo es apóstol (ver 1 Corintios 12:29). Este llamado, como todo llamado espiritual, viene como una citación personal de Cristo. Este hecho viene a ser evidente en el relato de la elección de Matías para suceder a Judas.

> Y orando, dijeron: Tú Señor, que conoces los corazones de todos, muestra cuál de estos dos has escogido, para que tome la parte de este ministerio y apostolado, de que cayó Judas por trasgresión, para irse a su propio lugar. Y les echaron suertes, y la suerte cayó sobre Matías; y fue contado con los once apóstoles (Hechos 1:24-26).

Los apóstoles reconocieron que la elección tenía que ser de Dios. Ninguno podía llamarse a sí mismo apóstol, aunque debe ser llamado específicamente por Cristo para representar ese oficio.

5. *El llamado apostólico es una orden de Dios en Cristo* (ver 1 Timoteo 1:1). Jesús no le pidió a Pedro y a Andrés que lo siguieran, los llamó enfáticamente.

Primera de Timoteo 2:7 establece que el llamado de un apóstol es una ordenación por parte de Dios. La palabra traducida "ordenar" en este versículo implica que cierta gente ha sido específicamente hecha para este propósito, diseñada por Dios desde antes de la concepción y producida para ser un apóstol. Nada menos que ese propósito puede ser la base de un llamado apostólico.

6. *El llamado apostólico toca y transforma*. Lleva el mismo poder transformador que creó los cielos y la tierra de la nada. Cristo no llama a gente porque posean carácter apostólico, sino que las escoge y libera el llamado apostólico sobre ellas, el cual *cambia* sus

caracteres. Pedro y Andrés dejaron de inmediato sus redes y cambiaron permanentemente la dirección de sus vidas. Jesús llamó a los doce sus "apóstoles" mucho antes de que hubieran madurado. Después, la vida de Pedro pasó por más cambios radicales, capacitándolo para erigirse como un verdadero padre de la Iglesia. Este llamado coloca aparte a la persona apostólica, separa a esa persona para el evangelio, y transforma lo que él o ella es (ver Romanos 1:1).

7. *El llamado apostólico resulta en la formación de un pueblo apostólico.* La compañía apostólica aumentó exponencialmente a medida que los apóstoles ministraban. No sorprende, al estudiar Efesios 4:7-16, que hallemos que Cristo llamara a apóstoles (junto con profetas, evangelistas, pastores y maestros) a contribuir al *aumento* del Cuerpo como equipadores. El trabajo del apóstol es claro: Dios desea que cualquier cosa que el apóstol posea del carácter y Espíritu de Cristo sea impartido al Cuerpo de Cristo a medida que madura. Si no fuera así, Dios no habría colocado a un apóstol como equipador del Cuerpo.

Es la voluntad de Dios que todo el Cuerpo de Cristo venga a ser apostólico y refleje la totalidad e imagen de Jesús el Apóstol. Eso no implica que cada persona en el Cuerpo llegue a ser apóstol. Más bien el diseño divino es que el apóstol afectaría espiritualmente a los miembros del Cuerpo de Cristo y los influenciaría para asumir cualidades apostólicas.

Para resumir, Dios el Padre ha dado un llamado apostólico a su Hijo, Jesucristo. Cristo ha demostrado generosamente y distribuido el llamado a individuos específicos que se convierten en apóstoles. Dios entonces imparte un espíritu apostólico y un llamado a través de estos apóstoles al Cuerpo de Cristo completo como reflejo de su Espíritu dentro de ellos. Este proceso es lo que veremos aumentar en estos últimos días como parte de la influencia del movimiento apostólico. A medida que las necesidades de un mundo perdido toquen el corazón del Padre, el Hijo regalará más y más apóstoles, que en recompensa perfeccionarán un pueblo apostólico para alcanzar el mundo. Todo esto descansa en la claridad por la cual percibimos el llamado eterno a medida que este va a su pueblo.

Cómo responder al llamado apostólico

En muchas maneras la Iglesia ha sido lenta para caminar en estas verdades, sin entender apropiadamente la extensión y el alcance total del llamado apostólico. A partir del Cristo preencarnado por medio de los apóstoles del primer siglo todas las generaciones, hasta nuestros días, el llamado está resonando. ¡Los apóstoles deben salir!

¿Por qué hemos explicado todo esto? ¿Hemos sido vagos, asumiendo que el llamado apostólico era sólo temporal en la Iglesia? Pablo dice claramente que el llamado apostólico operará hasta que el Cuerpo de Cristo esté maduro por completo (ver Efesios 4:11-13). Otros han mantenido que si los apóstoles existen, se espera que lleven el peso del trabajo apostólico. Su razonamiento ha sido: Dejen que los evangelistas hagan la evangelización. Dejen a los apóstoles hacer el trabajo apostólico. (Más acerca del trabajo del apóstol en el capítulo 7, "Planta y riega para que crezca".) Nada podría estar más lejos de la intención del Padre. ¡No asombra que los resultados apostólicos reales hayan sido escasos! Es como si hubiéramos obedecido la "gran omisión" en vez de la Gran Comisión.

Debemos reconocer que todo el Cuerpo de Cristo es responsable de llevar a cabo la visión apostólica del Padre a algún nivel. Ninguno está excluido del viñedo, aunque no todos sean apóstoles. "Porque muchos son llamados" (Mateo 20:16).

"¿SOY LLAMADO?"

Una de las preguntas que muchos se harán a medida que aprenden que Dios está llamando apóstoles en esta hora es: ¿Soy yo uno de ellos? En lo profundo de cada uno de nosotros hay un deseo de ser usado efectivamente por Dios. El llamado apostólico avanza, convocando a algunos a convertirse en pueblo apostólico, a otros a convertirse en apóstoles, y debemos discernir entre los dos. ¿Cómo sabe una persona si es llamada más allá de un rol apostólico a convertirse realmente en un apóstol?

La vida del apóstol Pablo viene a ser una imagen del nivel de apóstol del llamado apostólico en acción. Cuatro etapas progresivas están implícitas en el llamado a un apóstol, y en la conciencia de una persona con ese llamado:

1. La intuición del llamado

La etapa inicial del llamado apostólico personal para Pablo le llegó intuitivamente. Él sabía que Dios lo estaba llamando como apóstol dado que se le había mostrado en forma personal (ver Gálatas 1:15). Para cualquier apóstol en proceso, el llamado apostólico comienza como un saber interior o un sentido espiritual que claramente es de

Dios. Esto es sólo el comienzo de una obra progresiva del llamado apostólico.

2. La intimación del llamado

El próximo nivel del llamado personal que Pablo experimentó vino como una implicación de parte de Ananías justo después de que Pablo conoció a Cristo (ver Hechos 9:10-19). Jesús le había dicho a Ananías, mientras estaba en oración, que Pablo era un vaso escogido. Cuando Ananías oró por Pablo, fue lleno con el Espíritu. Está claro que Ananías compartió su mensaje de parte de Dios con Pablo, y aunque el apostolado no fue mencionado específicamente, el entendimiento de Pablo de que Dios le estaba llamando fue confirmado a través de otro. La confirmación externa es una clave importante en el proceso de identificar y substanciar el llamado apostólico. Claramente Pablo aceptó el llamado y comenzó a seguirlo desde ese día.

3. La indicación del llamado

A medida que pasó el tiempo, la intuición y la intimación del llamado progresaron a una aprobación profética. El mejor modelo escritural que tenemos para el proceso de seleccionar, ordenar y determinar los apóstoles legítimos en el oficio es el relato del encuentro profético en Antioquía. A medida que los apóstoles oraban en Antioquía, Pablo y Bernabé eran seleccionados por la voz de Dios como instrumentos elegidos (ver Hechos 13:2). Esto nos dice que la cita de los apóstoles es una actividad dirigida por el Espíritu, que se hace públicamente y en un contexto de oración y alabanza, y que algunos líderes probados necesitan estar de acuerdo.

No se equivoque respecto a esto: Avanzar en el ministerio apostólico sin las llaves de una ordenación profética, pública y plural por ministros probados estaría completamente fuera de orden en el movimiento apostólico emergente. Cada candidato para el ministerio apostólico debe esperar por esta clase de experiencia antes de perseguir la totalidad del llamado apostólico. De esta manera, pueden evitarse muchos abusos y errores. La red apostólica en la que estoy involucrado utiliza esto como el patrón de trabajo para guiarnos a salvo a través del proceso de ordenar apóstoles.

Estaremos discutiendo otros factores de seguridad para el movimiento apostólico a lo largo de este libro; pero especialmente en el capítulo 8, donde examinaremos la importancia del carácter probado en los apóstoles, y en el capítulo 11 donde miraremos la pregunta de los chequeos y balances para la autoridad apostólica.

4. La impartición del llamado

La confirmación final del llamado apostólico vino a Pablo cuando le fueron impuestas las manos en la misma reunión corporativa (ver Hechos 13:3). Al escuchar lo que el Espíritu de Dios estaba diciendo, Dios usó a los hermanos en Antioquía para impartir bendiciones y unción a Pablo y Bernabé. La imposición de manos impartió poder divino a las vidas de estos apóstoles, y fue el sello final de su llamado.

Cada persona que Dios llama a participar en el movimiento apostólico emergente, sea llamado como apóstol o simplemente como creyente apostólico, necesita discernir la naturaleza de un llamado personal, y responder de acuerdo a eso. El llamado vendrá intuitivamente y así mismo progresará a una impartición de poder sobrenatural.

Ahora es necesario que estemos alertas e interesados en el llamado apostólico. En Pentecostés, un sonido vino del cielo con el derramamiento (ver Hechos 2:2). Nuestros oídos deben estar abiertos al sonido celestial de nuestro día. Jesús nos dice: "Sígueme", aun desde más allá de la labor en que cada uno solemos estar. Él es el eco del corazón del Padre. Y está caminando a orillas de nuestras vidas, interrumpiendo nuestra actividad y llamándonos a todos para que dejemos caer nuestras redes en una dimensión u otra. Cuando lo hagamos, sufriremos cambios radicales; nos convertiremos en *pueblo apostólico*.

CAMBIA AL MUNDO A TRAVÉS DEL PUEBLO APOSTÓLICO

RECUERDO HABER LEÍDO UN LIBRO DE EDICIÓN RÚSTICA HACE muchos años escrito por Henk Vigeveno. Era acerca de Jesús y los doce apóstoles y se titulaba *Thirteen Men Who Changed the World* [Trece hombres que cambiaron el mundo] (Regal Books). Me impresionó mucho el concepto de que Jesús y sólo doce seguidores habían cambiado al mundo. Yo también quería ser un agente de cambio en el mundo, pero el título sutilmente reforzaba un concepto erróneo en mi mente; parecía confirmar mi temor de que sólo unas pocas personas significativas serán usadas por Dios para dar forma a la historia. Desafortunadamente, a medida que leo la historia de la Iglesia, puedo ver que no era el único en el Cuerpo de Cristo que tenía esa idea errónea. Muchos creen que sólo pocos de la élite son usados por Dios para cambiar al mundo, pero, ¿es eso correcto? Claramente el mundo necesita cambiar, pero ¿quién lo hará?

LA IGLESIA COMO UNA COMPAÑÍA APOSTÓLICA

A medida que el Cuerpo de Cristo es restaurado a su modelo neotestamentario, Dios desea que cada miembro sea activado para que se cumpla su plan del tiempo final. Ese plan, como se revela en Efesios 4, es que *cada* miembro del Cuerpo opere en el ministerio activo. Así era en la Iglesia Primitiva. Cada creyente era un misionero activo. Ella no dependía solamente de los líderes profesionales para su crecimiento. Cada cristiano era tanto "sacerdote" como "misionero".[1] Aunque hemos fracasado en captar totalmente esta verdad, las cosas están comenzando a cambiar para bien. El mundo será cambiado cuando la Iglesia sea transformada en una compañía de gente apostólica.

La Iglesia que presencie el final de la era estará viva, victoriosa y activada en los dones y llamados del Espíritu Santo. El Cuerpo de Cristo no puede estar medio dormido si vamos a echar mano a las oportunidades de esta hora. ¿Puede algo menos que la Iglesia completa moviéndose en el poder del Espíritu ser suficiente para recoger la cosecha final de las naciones?

La compañía emergente de apóstoles y pueblo apostólico será una fuerza transformadora del mundo. Los apóstoles serán enviados al mundo por miles a medida que escuchen y obedezcan el llamado apostólico. Es inspirador considerar que este mismo llamado saldrá para la gente común y corriente, aquellos que no son apóstoles, pero tienen la visión mundial y la pasión apostólica para ser parte del movimiento en varios niveles.

Para asegurarnos que somos parte de ese mover, debemos ver que cualquiera que es enviado por Dios es apostólico. Las Escrituras confirman esto. En el Nuevo Testamento, se usa el mismo lenguaje para describir el llamado y la actividad tanto de los apóstoles como del pueblo apostólico. Dos palabras griegas muy relacionadas, *apostolos* (que significa apóstol, o enviado) y *apostello* (que significa enviado) dan gran entendimiento a nuestro estudio. Ellas se utilizan para describir un grupo de personas mucho más grande que los doce apóstoles; ellas son usadas para describir a los creyentes.

En el Nuevo Testamento, el apóstol es *uno que es enviado*. No tienes que ser apóstol, sin embargo, para ser descrito por la palabra *apostello*. Sólo tienes que ser enviado. Eso es bastante significativo, ya que cuando vemos enviar en este sentido más amplio, somos capaces de entender que *muchos* son enviados por el Señor.

Esto significa que el hombre y la mujer promedio pueden ser utilizados por Dios en maneras apostólicas, totalmente aparte del oficio de un apóstol. Pueden no ser apóstoles, pero pueden ser *apostólicos*. El registro de los primeros creyentes apoya esto.

> En aquel día hubo una gran persecución contra la iglesia
> que estaba en Jerusalén; y todos fueron esparcidos por las

tierras de Judea y de Samaria, salvo los apóstoles. Pero los que fueron esparcidos iban por todas partes anunciando el evangelio (Hechos 8:1, 4).

Los miembros de la iglesia en Jerusalén, no los apóstoles, fueron esparcidos y extendiendo el evangelio. Este hecho amerita una ampliación del concepto de ministerio apostólico a una que incluya el Cuerpo de Cristo completo. Dios usa hombres y mujeres ordinarios de maneras apostólicas. La historia muestra que el mundo es cambiado con frecuencia por gente de medios ordinarios que posee virtudes extraordinarias. Entre aquellos que Dios usa de esa manera está una clase de gente, una nueva generación de cristianos, que pueden ser llamados pueblo apostólico.

Juntos, los apóstoles y el pueblo apostólico, conforman lo que puede ser llamado una compañía apostólica. Ciertamente la Iglesia del Nuevo Testamento fue tal compañía, una gran asamblea de gente apostólica bajo la dirección de los apóstoles, enviados por el Espíritu Santo a hacer el trabajo apostólico. Por lo menos en este momento, los apóstoles mismos se pararon detrás mientras el pueblo apostólico avanzó predicando bajo la guía del Espíritu Santo.

Las implicaciones de este concepto son enormes. ¡Qué maravilloso modelo brinda esto para la Iglesia de hoy! En el movimiento apostólico emergente, veremos un regreso a este marco. Miles de apóstoles y miles multiplicados de gente apostólica formarán una compañía apostólica mundial que literalmente cambiará al mundo como lo hizo la Iglesia Primitiva. No podemos mirar más al modelo de sólo unos pocos apóstoles haciendo trabajos apostólicos. Tenemos un paradigma nuevo y más bíblico, uno que reconoce a los apóstoles y al pueblo apostólico activo.

LA COMPAÑÍA APOSTÓLICA DEL NUEVO TESTAMENTO

Manteniendo en mente este paradigma, considere los tipos de pueblo apostólico que encontramos en el Nuevo Testamento. El uso de las palabras *apóstolos* y *apostello* revelan el espectro completo de los apóstoles y del pueblo apostólico que se encuentra en la Escritura. Juntos, estos forman el Cuerpo de la compañía del Nuevo Testamento a la cual pertenecemos.

Jesús el Apóstol en jefe
"Por tanto, hermanos santos, participantes del llamamiento celestial, considerad al apóstol y sumo sacerdote de nuestra profesión, Cristo Jesús" (Hebreos 3:1). Jesús, que encabeza la compañía apostólica del Nuevo Testamento, es el Enviado por el Padre al mundo como apóstol. Él es el Salvador de los pecadores y el Redentor de la humanidad caída. Cristo es también el Profeta, Maestro, Pastor y Evangelista de los cinco ministerios en Efesios 4:11. Cual Apóstol, sin embargo, Cristo permanece como el único y eterno modelo a seguir por los apóstoles; y exhibe toda cualidad que el Padre desea en un apóstol.

Los doce apóstoles del Cordero
Incluidos en esta compañía están los doce apóstoles. "Y estableció a doce, para que estuviesen con él, y para enviarlos a predicar, y que tuviesen autoridad para sanar enfermedades y para echar fuera demonios" (Marcos 3:14,15). Jesús eligió a los doce apóstoles en los primeros momentos de su ministerio terrenal. Les confirió el título de "apóstol" (ver Lucas 6:13), y es interesante observar que nunca ordenó gente para cualquier otro oficio. Los doce apóstoles incluían a Pedro, Andrés, Santiago, Juan, Felipe, Bartolomé, Mateo, Tomás, Jacobo hijo de Alfeo, Simón, Tadeo y Judas que fue remplazado por Matías. Cristo compartió su ministerio con estos doce hombres.

Los doce se distinguían por algunos hechos únicos. Cada uno de los doce apóstoles del Cordero fueron testigos personalmente de la resurrección y la ascensión de Jesús (ver Hechos 1:9,22; 2:32; 3:15; 4:33; 5:30-32; 10:39-42). Ninguno conocía a Cristo mejor que ellos, y nadie ha sido entrenado desde entonces por Cristo personalmente en la tierra. Dado que vivían y trabajaban directamente con Jesús, permanecerán preeminentes entre la compañía apostólica completa, y poseerán una preeminencia especial en el reino que otros apóstoles del Nuevo Testamento no lograrán (ver Mateo 19:28; Apocalipsis 21:14).

Otros apóstoles del Nuevo Testamento
Está claro que había más apóstoles que los doce del Cordero. Algunos teólogos se refieren a estos como secundarios ya que son designados en la Escritura como apóstoles, pero no tienen la prominencia única en el reino que tuvieron los doce originales. Estos apóstoles incluyen algunos de los agentes de cambio más grandes de la historia, y este tipo de apóstoles continúa hoy como el normativo.

El Nuevo Testamento menciona los siguientes nombres como aquellos que fueron apóstoles secundarios: Matías (Hechos 1:26); Pablo (1 Corintios 15:8); Jacobo, el hermano de Jesús (Gálatas 1:19); Bernabé (Hechos 14:3,4,14); Apolo (1 Corintios 4:6-9); Timoteo (Hechos 19:22, 1 Tesalonicenses 1:1; 2:6), Tito (2 Corintios 8:23, donde "mensajero" es *apostolos*); Silas o Silvano (Hechos 15:22, 1 Tesalonicenses 1:1; 2:6); Tíquico (2 Timoteo 4:12); Judas (Hechos 15:22; 1 Tesalonicenses 2:6); Andrónico (Romanos 16:7); Junias (cuyo nombre indica que podría haber sido una mujer, Romanos 16:7, más acerca de esto en el capítulo 6); Epafrodito (Filipenses 2:25); Erasto (Hechos 19:22); y dos apóstoles anónimos (2 Corintios 8:23).

Si los doce se agregan a esta lista, un total de treinta y dos apóstoles se mencionarían en el Nuevo Testamento. Todos estos fueron enviados por Dios como ministros apostólicos y miembros válidos de la compañía apostólica del Nuevo Testamento.

Los setenta
"Después de estas cosas designó el Señor también a otros setenta, a quienes envió de dos en dos delante de él a toda ciudad y lugar adonde él había de ir" (Lucas 10:1). Este Cuerpo más amplio de discípulos fue enviado por Cristo y fueron dondequiera predicando y ministrando sanidad y liberación. El número setenta era especial y simbólico en Israel. Setenta ancianos estaban presentes con Moisés en el desierto (ver Números 11:16-25) y se convirtieron en símbolos del Espíritu de Cristo que viene a su pueblo. Setenta fue el "número" de las naciones de la tierra como se encuentra en Génesis 10. Este número es un símbolo de toda la tierra a la que setenta fueron enviados. Algunos escritores sostienen que la próxima generación de apóstoles fue seleccionada de entre los setenta discípulos.

Estos están incluidos en nuestra lista de la compañía apostólica porque fueron el pueblo apostólico original; es decir, gente que fue enviada y señalada por Cristo para el ministerio activo. Aunque no eran apóstoles, hacían trabajos apostólicos como sanar a los enfermos, predicar el evangelio, establecer la obra de Dios, cual pueblo apostólico. Esto los conecta a los doce y a los apóstoles secundarios ya que todos ellos operaban bajo el mismo mandato apostólico de la mano de Cristo.

Todos los discípulos de Cristo
De una manera única, todo el que sigue a Cristo como discípulo es

parte de la compañía apostólica. Todos somos enviados del Señor: "Como tú me enviaste [apostello] al mundo, así yo los he enviado [apostello] al mundo" (Juan 17:18). Estamos en Cristo y participamos de su unción. La misma unción que está en Cristo y los apóstoles está sobre todos nosotros: "Y el que nos confirma con vosotros en Cristo, y el que nos ungió, es Dios" (2 Corintios 1:21). Dado que esa unción está sobre nosotros, somos pueblo apostólico, aun cuando no cada uno de nosotros sea llamado a ser apóstol (ver 1 Corintios 12:29).

Este es el razonamiento tras nuestra definición de pueblo apostólico como cristianos que apoyan y participan en el ministerio apostólico, pero no son apóstoles reales.

¡UNA COMPAÑÍA APOSTÓLICA ESTÁ SURGIENDO!

Mucha responsabilidad trae ser contado entre la compañía apostólica. En el libro de los Hechos, la compañía apostólica de cristianos era una fuerza poderosa de cosechadores efectivos.

Ahora bien, los que habían sido esparcidos a causa de la persecución que hubo con motivo de Esteban, pasaron hasta Fenicia, Chipre y Antioquia, no hablando a nadie la palabra, sino sólo a los judíos. Pero había entre ellos unos varones de Chipre y de Cirene, los cuales, cuando entraron en Antioquía, hablaron también a los griegos, anunciando el evangelio del Señor Jesús. Y la mano del Señor estaba con ellos, y gran número creyó y se convirtió al Señor (Hechos 11:19-21).

Dios estaba con ellos, y multitudes se convirtieron al Señor a través de su ministerio. Cuando el próximo mover de Dios golpee la tierra, veremos surgir otra compañía de pueblo apostólico.

EL PROTOTIPO DE UN PUEBLO APOSTÓLICO

Los primeros cinco capítulos de Hechos se concentran en gran medida en la Iglesia como un grupo, y en lo que la vida corporativa era para ellos como un todo. Los líderes clave, como Pedro y Juan, figuran prominentemente en estas primeras páginas. Comenzando con el capítulo 6, algunas personas, ordinarias en el sentido que no eran líderes prominentes, comenzaron a ser destacados en la narrativa de Lucas. Sus vidas tipifican la de una persona apostólica.

Considera a Esteban, el diácono increíble. Fue ordenado para servir simplemente tras bastidores, haciendo tareas naturales que asistirían a los apóstoles. Aun así estaba lleno de fe y poder, obrando señales y maravillas (ver Hechos 6:8). Predicaba la Palabra con tal fuego que se convirtió en el primer mártir cristiano. No era un apóstol, pero definitivamente era una persona apostólica.

Otro creyente notable aunque "ordinario" fue Felipe, el diácono. (ver 8:5ss). Felipe se sentía bien compartiendo su fe uno a uno o predicando a grandes multitudes. Parece claro, a pesar de que no era un apóstol, que señales, maravillas y milagros eran una parte frecuente de su ministerio.

Luego estaba Ananías, el ayudante valiente del nuevo convertido apóstol Pablo (ver 9:10-19). Ananías era un hombre de oración que escuchaba la voz de Dios con gran detalle. A pesar de su comprensible temor a Saulo (como era conocido entonces), Ananías obedeció al Espíritu, le profetizó a Pablo, puso sus manos sobre él y milagrosamente lo sanó. Ananías no era apóstol; era un creyente ordinario a quien Dios usó de una manera extraordinaria.

Bill Scheidler alude a la abundancia del pueblo apostólico en el Nuevo Testamento cuando afirma: "Parecía haber un número considerable de gente en el Nuevo Testamento que ejercía funciones de tipo apostólico, aunque no eran llamados específicamente apóstoles. Probablemente los mejores ejemplos de estos son los setenta que Cristo envió para hacer básicamente lo que los doce habían hecho en experiencias previas. Esto parece responder la pregunta acerca de muchos en nuestros días que han sido instrumentos en algunos trabajos apostólicos pero quienes no parecen ser llamados específicamente a ese ministerio de vida. Hay muchos en esta categoría en el Cuerpo de Cristo".[2]

Durante las primeras décadas de la Iglesia, miles de personas apostólicas podrían haber sido como Esteban y Felipe y fluyeron con Dios sobrenaturalmente en sus vidas diarias. Este es el tipo de poder del que Dios quiere empapar a su Iglesia. Para poseerlo, debemos seguir cuidadosamente el modelo de estas personas, por lo que debemos entender y seguir los *principios apostólicos* antes de que podamos esperar poseer *poder apostólico*.

CARACTERÍSTICAS SOBRESALIENTES DE LA GENTE APOSTÓLICA

¿Cuáles son los patrones de la gente apostólica? ¿Qué distinguirá a la compañía apostólica emergente a medida que surja? El Nuevo Testamento describe ricamente las extraordinarias vidas y actividades de la Iglesia Primitiva, capacitándonos para hacer uso de aquellos emocionantes días con el secreto de su poder. Diez características son comunes para la gente apostólica. Son como sigue:

1. Relacionales

Una de las cualidades más increíbles del pueblo en la Iglesia Primitiva era que estaban "unánimes" (ver 1:14; 2:1,46; 4:32; 5:12). Pese a sus variantes diferencias raciales, económicas y culturales, permanecieron virtualmente unánimes en todo lo que hicieron, desde ministrar al Señor hasta ministrarse entre ellos. No permitieron que sus diferencias los dividiera, lo cual es una armonía que no pueden lograr personas egoístas. Sólo aquellos que hacen de las relaciones con otros una prioridad pueden acceder a los recursos requeridos para vivir en armonía en medio de la diversidad.

La gente apostólica de nuestra generación también será relacional. Priorizarán conectarse unos con otros, atravesando límites raciales, denominacionales y nacionales. Para una manifestación práctica de este elemento relacional en la Iglesia de hoy, ver el capítulo 14, que describe las redes apostólicas.

2. Vibrantes

La Iglesia Primitiva irradiaba una felicidad y una pasión entusiasta por lo que Dios estaba haciendo en medio de ella. Eran personas gratas, llenas de gozo vibrante a medida que recibían la Palabra, vivían y comían juntos y predicaban las Buenas Nuevas (ver 2:41,46; 11:23; 13:48).

Cuando el Espíritu de Dios viene sobre su pueblo, el fruto del gozo es evidente. El mundo espera con ansias gente como esa. A medida que el Espíritu es derramado sobre nosotros en estos días, debemos llegar a ser vibrantes en todo lo que hacemos por Él.

3. Reverentes

Si la vibración de los primeros cristianos los hubiera hecho casuales o frívolos acerca de su fe, la Iglesia no habría logrado todo lo que hizo. Este era un pueblo que poseía un sobrio asombro y respeto por Dios y sus apóstoles. Un santo "temor cayó sobre toda persona" (Hechos 2:43; 5:5,11,13; ver también 9:31).

¿Qué sucedería si esa misma conciencia intensa de la grandeza de Dios viniera sobre nosotros hoy? Nos movería, como los movió a ellos, a tomar nuestra fe y la hora en que vivimos seriamente. Esta misma reverencia y temor debe estar presente en nosotros a medida que vivimos por Dios en este punto delicado de la historia.

4. Enfocados

"Ellos perseveraron" es una frase que describe el enfoque constante de los primeros cristianos en el reino (2:42; ver también 7:55, 14:9). A pesar de la gran emoción de la hora y de la falta de sofisticación organizacional de la Iglesia, ellos no se distrajeron con las cosas que abruman al pueblo de Dios hoy. Como un ejército, tenían una singularidad de visión y un sentido de misión para lograr grandes cosas para Dios.

¿En qué eran constantes? Eran diligentes en mantener la doctrina de los apóstoles, teniendo compañerismo, partiendo el pan y orando (ver 2:42). Priorizaban sus actividades alrededor de las verdades que los transformarían, los eventos que los reunían, las comidas convenidas que los conectarían y la intercesión que los capacitaría.

Si debemos ser un pueblo apostólico, este tipo de enfoque debe hallarse en nosotros, para lo que somos comisionados: "Así que, hermanos míos amados, estad firmes y constantes, creciendo en la obra del Señor siempre, sabiendo que vuestro trabajo en el Señor no es en vano" (1 Corintios 15:58).

5. No egoístas

Considere la habilidad de la Iglesia Primitiva para cuidar al necesitado (ver 2:44; 4:32-35). ¿Cuáles han debido ser sus actitudes para generar este tipo de compromiso entre ellos? Eran un pueblo no egoísta, dispuesto a compartir lo que era suyo con aquellos que carecían, libres del egoísmo que mantiene a las personas enfocadas sólo en sí mismas. Compartían sensiblemente sus recursos y demostraban la gran virtud del amor. Al hacerlo, se convirtieron en un gran modelo para nosotros.

6. Positivos

Hechos 2:47 dice que ellos estaban "alabando a Dios", una muestra sencilla de su optimismo gozoso. No era un pueblo con preocupaciones, temor o pesimismo; estaban conscientes de que tenían un gran

Dios y un destino emocionante. Le daban gloria al Señor de manera entusiasta, aun en las peores circunstancias. Esta era una de sus grandes cualidades.

El reto que aguarda para la generación emergente de personas apostólicas requerirá que ventilemos nuestros espíritus con esta misma actitud positiva generada a través de una alabanza a Dios con todo el corazón. Sin eso, no podemos ser verdaderamente apostólicos.

7. Atractivos

Los creyentes en la Iglesia Primitiva eran personas magnéticas. Justo como Jesús lo hizo, ellos se ganaron el favor del público en general (ver Lucas 2:52; Hechos 2:42). Eran atractivos y admirados por la sociedad. Nunca permitieron que el mensaje del Evangelio se convirtiera en malas noticias; siguieron siendo Buenas Noticias, un mensaje atractivo, en su presentación a la gente. Sólo los religiosos los odiaban.

¿Qué sucedería si la Iglesia hoy ganara esa misma calidad? La gente sería poderosamente atraída al Cristo que mora en nosotros, en vez de sentir que somos, en general, irrelevantes para sus vidas.

8. Ungidos

Estos hombres y mujeres estaban llenos de la dinámica vida del Espíritu Santo (ver Hechos 2:4; 4:8, 31; 6:3,5; 7:55; 9:17; 11:24; 13:52). Los creyentes descritos en Hechos estaban llenos con el Espíritu de Dios porque oraban y esperaban en Él. La visitación espiritual fue el centro de su actividad. Ellos entendieron y experimentaron tiempos de refrescamiento (ver 3:19), y caminaron con una gracia radiante sobre sus vidas (ver 4:33).

Sin esta misma unción presente en nosotros, nunca podremos esperar ser nada que se parezca a un pueblo apostólico. Debemos redescubrir el lugar de la oración en la Iglesia, para que podamos caminar como estos creyentes, irradiando la vida de Dios dondequiera que vayamos.

9. Confiados

Aunque muchos han enfatizado el hablar el lenguas como la evidencia inicial de la llenura del Espíritu, podemos haber pasado por alto el hecho de que la manifestación prominente de esa experiencia en la Escritura es la predicación confiada de la Palabra de Dios (ver 4:13, 29, 31; 9:27, 29; 13:46; 14:3; 18:26; 19:8; 28:31). Estos creyentes eran francos, sin reservas y claros al comunicarse con el mundo.

La calidad de la confianza es muy esencial hoy para la proclamación apostólica de la verdad, y es una indicación importante de la relación correcta con Dios: "Huye el impío sin que nadie lo persiga; mas el justo está confiado como un león" (Proverbios 28:1).

10. Progresivos

Una realidad sorprendente de la Iglesia Primitiva es que rápidamente rompió con las convenciones religiosas normales del día. Por ejemplo, el templo era el centro de actividad para el pueblo judío, y aun así los discípulos se adaptaron rápidamente al uso de casas como lugares de reunión. Este cambio mostró una apertura en la comunidad cristiana a las nuevas maneras de hacer las cosas. El pensamiento creativo fue permitido para guiar su actividad. Se liberaron de los métodos religiosos predominantes y, como resultado, la Iglesia fue eficaz y creció a un ritmo asombroso.

La Iglesia hoy está comenzando a mostrar estos mismos signos de innovación y pensamiento práctico. Métodos de alcance frescos y dirigidos por Dios, educación y discipulado, así como enfoques inspiradores a los servicios y ministerios de alabanza, los que entre sí infundirán vida a nuestras actividades. Estos pueden ser los nuevos odres que nos ayuden a contener el vino nuevo que Dios está derramando en nosotros para que podamos encarar gozosamente los retos de este nuevo día.

CÓMO CONVERTIRSE EN UN PUEBLO APOSTÓLICO

Cuando calculamos la enorme tarea de la evangelización mundial que se ha convertido en la responsabilidad de esta generación, debemos depender de un mover radical del Espíritu Santo como el factor más grande de éxito. Más de dos billones de personas siguen sin conocer el verdadero poder salvador de Cristo. Hemos usado satélites, video y radio de onda corta para alcanzarlos. Aunque se ha hecho algún progreso, es sólo por convertirse en más apostólicos que esperamos ver al mundo al revés por Él.

A medida que la compañía apostólica emerja, mostrará estas características excepcionales que encontramos en la Iglesia Primitiva. La nueva generación de creyentes apostólicos será una compañía de hombres y mujeres relacionales, vibrantes, reverentes, concentrados, no egoístas, positivos, atractivos, ungidos, confiados y progresivos que ayudarán a tomar al mundo por asalto. ¿Puede algo menos que eso producir una cosecha exitosa? Como lo afirma Peter Wagner: "Necesitamos un ejército continuamente creciente de hombres y mujeres que tengan cualquier don o dones espirituales que sean necesarios para alcanzar billones de pueblos no alcanzados en nuestra generación".[3]

Dios no llamará sólo a doce apóstoles a cambiar al mundo. Al contrario, establecerá una vasta compañía de apóstoles y gente apostólica de todos los días que estarán capacitados sobrenaturalmente. El Espíritu Santo será derramado sobre toda la Iglesia en una dimensión completamente nueva y luego será capaz de cumplir con su misión.

Nuestro propósito como pueblo es llegar a ser como Cristo, el gran Apóstol. Esto se logrará en parte como resultado de un movimiento apostólico. Cuando nos movamos en esta unción apostólica y manifestemos las cualidades del pueblo apostólico, esto no significará que somos apóstoles, significará que somos cristianos.

Notas

1. Tim Dowley, John H.Y. Briggs, Robert D. Londer, David F. Wright, eds. *Eerdman's Handbook to the History of Christianity*, Eerdman's, Grand Rapids, 1977, p. 70.
2. Bill Scheidler, *The New Testament Church and Its Ministries*, Bible Temple, Portland, OR, 1980, p. 89.
3. C. Peter Wagner, *Your Spiritual Gifts Can Help Your Church Grow*, Regal, Ventura, CA, 1979; edición revisada, 1994, p. 186.

5

EL ESPÍRITU APOSTÓLICO

CUANDO EL PRESIDENTE REAGAN FUE HERIDO EN 1981, EL CORAZÓN de la nación dio un salto. Fue tan inesperado que una ola de conmoción se sentía de costa a costa y alrededor del mundo. Al principio, no estaba claro cuán seriamente herido estaba. De inmediato fue ordenada una doble guardia por el vicepresidente Bush, que estaba lejos de Washington para el momento. Varias ruedas del gobierno giraron, preparándose para conferir poderes especiales sobre él si el presidente fuera incapaz de ejercer sus funciones.

El temor de que Reagan muriera gradualmente dio paso a reportes de que se esperaba su recuperación. La nación aprendió que el presidente no habría sobrevivido si la bala se hubiera posicionado de manera diferente a sólo unos centímetros. Como por obra providencial su vida se repuso. El mundo elevó un suspiro colectivo de alivio.

En medio de la confusión, sin embargo, el entonces secretario de estado Alexander Haig cometió un error serio. En un intento por calmar a la nación en los primeros momentos después que se dio esta impactante noticia, declaró en televisión nacional que él estaba "a cargo" de la nación. Esta declaración fue errónea, porque el vicepresidente Bush era el próximo en orden de sucesión, seguido por el portavoz del gobierno. Haig fue forzado a retractarse luego, para su propia contrariedad.

El error de Haig fue avivado por una idea errónea y momentánea acerca del proceso de delegación de poderes entre un cabeza de estado y sus sucesores. El presidente, vicepresidente, portavoz del gobierno y secretario de estado cumplen papeles específicos en la estructura de poder de nuestra nación.

Esta línea de autoridad desciende desde la parte superior hacia abajo a varios niveles, incluyendo miembros del gabinete, varios comisionados y embajadores oficiales. Si alguna de estas funciones se aparta de los límites claros, pueden resultar errores como el de Haig. Confusión, vergüenza y hasta peligro están siempre cerca cuando los roles se malinterpretan en cualquier estructura de autoridad.

Los apóstoles tienen una relación única y dependiente con el Espíritu Santo. En mucho de la misma manera en que un jefe de estado comparte sus poderes con oficiales designados Dios Todopoderoso, la cabeza de estado del Reino de Dios, comparte su poder con los apóstoles (así como con los profetas, evangelistas, pastores y maestros) a través el Espíritu Santo. Cuando un cabeza de estado envía un embajador como representante, podemos recordar la relación del Espíritu Santo con los apóstoles. Estos pueden entenderse más claramente en términos de sus roles como *embajadores del cielo*. Son enviados por el Espíritu Santo como emisarios del Rey que llevan un mensaje desde el trono de Dios.

El Espíritu Santo es apostólico

Como ya hemos observado, el Espíritu de Dios es un espíritu apostólico. Recordando todos los otros atributos maravillosos que tiene el Espíritu Santo, no debemos pasar por alto este aspecto clave. ¿Por qué le decimos espíritu apostólico? Porque su temperamento e identidad son apostólicas tanto como su obra. En efecto, todo el movimiento apostólico será permeado con la presencia, poder y actividad del Espíritu Santo. Considera estos cuatro hechos acerca del Espíritu Santo:

1. *El Espíritu Santo ha sido enviado* (ver Juan 14:26; 16:7,8; Hechos 2:4; Gálatas 4:6). Jesús habló tanto de sí mismo como del Padre enviando al Espíritu Santo a enseñar, capacitar, guiar y confortar a su pueblo. Como Apóstol celestial, fue enviado desde el cielo en una misión a la tierra para "convencer al mundo de pecado, de justicia y de juicio" (Juan 16:8) .

2. *El Espíritu Santo envía.* Él es el que envía el evangelio "desde el cielo" (1 Pedro 1:12). También envía a los mensajeros que llevan las nuevas en forma de profetas y otra gente de Dios (ver Isaías 48:16). Jesús mismo reconoció que vino como Enviado: "El Espíritu

de Jehová está sobre mí… me ha enviado a predicar buenas nuevas a los abatidos, a vendar a los quebrantados de corazón" (Isaías
61:1). Recordarás que la esencia del apostolado implica *ser enviado*.
Así que si el Espíritu Santo ha sido enviado y Él mismo envía, Él es
apostólico.

3. *El Espíritu Santo inicia la actividad apostólica.* Cuando el
Espíritu Santo fue enviado en el Día de Pentecostés, el resultado fue
una activación del verdadero ministerio apostólico. Desde ese aposento alto vinieron los apóstoles y el pueblo apostólico que cambió
al mundo. Estos hombres y mujeres previamente ordinarios fueron
transformados en una compañía apostólica porque el Espíritu apostólico vino sobre ellos. Esto nos dice que el Espíritu que generó estos
resultados debe ser en sí mismo apostólico.

4. *El Espíritu Santo es apostólico porque es un miembro de la
divinidad.* La Trinidad completa está permeada con el espíritu apostólico. Jesucristo, el gran Apóstol (ver Hebreos 3:1), demostró el
espíritu apostólico cuando envió a los apóstoles a hacer la obra apostólica (ver Mateo 10:5; Marcos 3:14). Como Apóstol, concibió el
oficio apostólico humano y lo dio a la Iglesia (ver Efesios 4:11). El
Padre también reflejó el espíritu apostólico cuando envió a Jesús al
mundo en la misión apostólica más grande de todos los tiempos (ver
Mateo 10:40; Juan 7:29; 17:18). Jesús indicó que el Padre es responsable de escuchar nuestras oraciones y enviar obreros a recoger la
cosecha (ver Mateo 9:38). Todo el cielo se combina en una sinfonía
de actividad apostólica para afectar al mundo con el amor de Dios.

LA RELACIÓN DEL ESPÍRITU SANTO CON LOS APÓSTOLES

¿Cuál es la función del Espíritu Santo en el ministerio del apóstol?
El Espíritu de Dios asume por lo menos cinco roles al supervisar al
apóstol de Cristo:

1. El separador del apóstol

Cuando la gente en Antioquía se reunió para ministrar al Señor, la
voz del Espíritu se escuchó. "Ministrando éstos al Señor, y ayu-
nando, dijo el Espíritu Santo: *Apartadme* a Bernabé y a Saulo para
la obra a la que los he llamado" (Hechos 13:2, énfasis mío). Pablo
escribió luego a la iglesia en Roma en referencia a ese momento en
que fue "Llamado a ser apóstol, *apartado* para el evangelio de Dios"
(Romanos 1:1, énfasis mío).

Apartar en este caso significa literalmente *apartar con un límite*. La idea es dibujar líneas limítrofes claras para establecer un territorio definitivo dentro del cual el apóstol debe operar con toda autoridad. El apóstol tiene un dominio espiritual y un territorio delineado por Dios. Se nos recuerda que no debemos cruzar las líneas limítrofes que rodean al apostolado, o ir demasiado lejos con intrusión ambiciosa en cualquier ministerio al cual no somos llamados. Esto también significa designar para un oficio o posición de autoridad, tal como un embajador es designado por un jefe de estado.

Ser apartado como apóstol es algo mucho más alto que un embajador designado. Implica ser santificado, aprobado y capacitado para el servicio divino. Tal como el nazareo del Antiguo Testamento, que fue separado desde el nacimiento para servir al Señor, Dios hace santo al apóstol y lo aparta para el servicio divino:

> "Habla a los hijos de Israel y diles: El hombre o la mujer que se apartare haciendo voto de nazareo, para dedicarse a Jehová, se abstendrá de vino y de sidra; no beberá vinagre de vino, ni vinagre de sidra, ni beberá ningún licor de uvas, ni tampoco comerá uvas frescas ni secas. Todo el tiempo de su nazareato, de todo lo que se hace de la vid, desde los granillos hasta el hollejo, no comerá. Todo el tiempo del voto de su nazareato no pasará navaja sobre su cabeza; hasta que sean cumplidos los días de su apartamiento a Jehová, será santo; dejará crecer su cabello. Todo el tiempo que se aparte para Jehová no se acercará a persona muerta. Ni aun por su padre ni por su madre, ni por su hermano ni por su hermana, podrá contaminarse cuando mueran; porque la consagración de su Dios tiene sobre su cabeza. Todo el tiempo de su nazareato, será santo para Jehová" (Números 6:2-8, énfasis mío).

Tanto Pablo como Juan hablaron de los apóstoles como poseedores de este tipo de separación. Efesios 3:5 dice: "Misterio que en otras generaciones no se dio a conocer a los hijos de los hombres, como ahora es revelado a sus santos apóstoles y profetas por el Espíritu" (ver también Apocalipsis 18:20, énfasis mío). Ser apóstol requiere una vida de santidad práctica y separación.

La separación de una vida para el apostolado es una experiencia asombrosa que se hace real para los individuos por el Espíritu Santo. Es una experiencia definitiva. Pablo nunca dudó que él hubiera sido separado y designado por el Espíritu Santo. Aunque otros cuestionaron su autoridad, Pablo claramente entendió que fue elegido y llamado como apóstol. Ningún humano le había dado este llamado espiritual (ver Romanos 13:1).

En el sentido espiritual, la gente no puede ordenar apóstoles como tales, sino que sólo puede *reconocer* la separación de los individuos por el Espíritu Santo. En este proceso, los apóstoles están irremoviblemente conscientes de su llamado a través del Espíritu Santo, y aquellos que son sensibles al Espíritu tendrán inevitablemente su llamado confirmado como en Antioquía (ver Hechos 13:1-3). Luego exploraremos el proceso de ordenación de los apóstoles. Por ahora, simplemente deberíamos pensar que esta actividad es dirigida por el Espíritu.

2. El que envía al apóstol

Tal como los jefes de estado tienen oportunidad de enviar embajadores a otros dominios para hacer negocios, así el Espíritu Santo envía al apóstol a la humanidad para hacer negocios para el Rey de reyes. Cuando los profetas y maestros en Antioquía pusieron sus manos sobre Bernabé y Saulo, la Biblia dice que fueron "enviados por el Espíritu Santo" (Hechos 13:4). El apóstol funciona así como un representante enviado por Dios. Esto es congruente con la definición de apóstol como "un enviado".

Enviar implica ordenación y autorización válidas. Es la certificación del cielo sobre la vida de una persona. La autentificación final de cualquier ministerio tiene que ver con que la persona es enviada o no por Dios (ver Jeremías 14;14,15; 28:9). Una persona no puede proclamar el apostolado a menos que haya sido enviada por el Espíritu Santo.

El Espíritu Santo envió al Señor Jesús como el gran Apóstol a la tierra a dirigir el negocio de la redención y la reconciliación en nombre del Padre. Este fue el viaje apostólico más grande de todos los tiempos. Por eso, Jesús fue ungido, capacitado y enviado:

> "El Espíritu de Dios está sobre mí, por cuanto me ha
> ungido para dar buenas nuevas a los pobres; me ha enviado
> a sanar a los quebrantados de corazón; a pregonar libertad
> a los cautivos, y vista a los ciegos; a poner en libertad a
> los oprimidos" (Lucas 4:18, énfasis mío).

El Espíritu del Señor ungió y envió a Jesús. Su unción precedió a su envío y su milagroso ministerio resultó de su unción. Su maravillosa obra incluyó sanar corazones rotos, predicar, liberar cautivos, restaurar la vista a los ciegos y liberar al adolorido. Estos gestos maravillosos de amor en nombre del Padre apuntan al ministerio que los apóstoles de Cristo deberían manifestar a medida que participan del mismo llamado y unción.

Jesús tenía una conciencia intensa respecto a que fue enviado:

"No soy *enviado* sino a las ovejas perdidas de la casa de Israel" (Mateo 15:24, énfasis mío).

"Es necesario que también a otras ciudades anuncie el evangelio del reino de Dios; *porque para esto he sido enviado*" (Lucas 4:43, énfasis mío).

Como Jesús fue enviado por el Padre, así envía a sus apóstoles a las naciones en negocios oficiales del reino: "Entonces Jesús les dijo otra vez: Paz a vosotros. *Como me envió el Padre, así también yo os envío*" (Juan 20:21, énfasis mío).

Como mencioné previamente, la palabra del Nuevo Testamento *apostolos* significa "enviado". Jesús es el enviado del Padre, y los apóstoles son enviados de Jesucristo. Tal como fue habilitado, ungido y enviado por el Espíritu Santo, Cristo mismo habilita, unge y envía sus apóstoles para extender su ministerio apostolar alrededor del mundo.

Una palabra de precaución es apropiada en este punto. Ted Haggard, pastor y autor internacionalmente respetado, me contó hace poco de un hombre que se volvió loco con esta verdad. ¡Un perfecto extraño vino hacia él después de un servicio y se proclamó a sí mismo "enviado por el Espíritu Santo" como el nuevo apóstol sobre el pastor Ted y la iglesia New Life Church! Como puedes imaginarte, esta proclama supuesta y exigente fue instantáneamente rechazada como falsa. El incidente fue gracioso aunque muy desacertado y, a la vez perturbador, porque tipifica el desequilibrio de muchos que profesan un llamado apostólico hoy.

Ser enviado por el Espíritu Santo como apóstol requiere el cumplimiento completo de los requisitos escriturales del ministerio apostólico, especialmente la humildad. El espíritu de un siervo es incompatible con las exigencias molestas de posición y sumisión unilateral. Esperamos que tales atrevimientos sean mantenidos al mínimo en el movimiento apostólico emergente. (Sugeriremos más ideas acerca de la autoridad equilibrada y el verdadero ministerio en los capítulos 10 y 11.)

3. La fuente del apóstol

Ningún embajador ejerce su oficio con su propio poder. Al contrario, al embajador se le da autoridad de un poder más alto. Lo mismo es cierto para el apóstol, cuya base de poder y autoridad reside en el Espíritu. Estaremos viendo más detalladamente tanto al poder como a la autoridad y cómo se relacionan con el apóstol en los capítulos 11 y 12.

El Espíritu de Dios es visto en las Escrituras como fuente de asombroso poder. Miqueas declaró que estaba "lleno de *poder del Espíritu de Jehová*" (Miqueas 3:8, énfasis mío). María concibió al Hijo de Dios por el poder del Espíritu (ver Lucas 1:38). Después de ayunar y superar las tentaciones de Satanás, Jesús emergió del desierto en el *"poder del Espíritu"* para inaugurar su ministerio de milagros (Lucas 4:14). El gran apóstol Jesús fue capaz de manifestar la totalidad de su ministerio porque estaba ungido "Con el *Espíritu Santo y con poder"* y "y como éste anduvo haciendo bienes y sanando a todos los oprimidos por el diablo, porque Dios estaba con él" (Hechos 10:38, énfasis mío).

De la misma manera, el poder para el ministerio apostólico viene del Espíritu Santo. La promesa vino a los apóstoles y a aquellos que estaban con ellos: "pero recibiréis poder cuando haya venido sobre vosotros el Espíritu Santo, y me seréis testigos en Jerusalén, en toda Judea, en Samaria, y hasta lo último de la tierra" (Hechos 1:8). El apostolado total vino para los Doce en Pentecostés bajo la influencia del Espíritu de Dios. Sin tal poder, los apóstoles habrían estado totalmente desamparados; con él, se convirtieron en instrumentos para que Dios tocara el mundo con su amor y poder.

4. El supervisor de los apóstoles

En el libro de Hechos es fascinante leer acerca de la supervisión constante del Espíritu Santo sobre los apóstoles. Estos eran hombres de gran entendimiento y compasión, seguro, pero el Espíritu Santo les dejó más para su dirección que para cumplir sus propios impulsos naturales. El Espíritu Santo les guiaba continua y específicamente en sus esfuerzos. Más sabio que cualquier jefe de estado, el Espíritu les ordenó que fueran. ¿Qué rey enviaría a un embajador sin instrucciones y objetivos precisos para cada punto del camino?

Un ejemplo de la vigilancia constante del Espíritu Santo sobre los apóstoles se encuentra en Hechos 16:6-10 (énfasis mío).

> Y atravesando Frigia y la provincia de Galacia, les fue prohibido por el Espíritu Santo hablar la palabra en Asia; y cuando llegaron a Misia, intentaron ir a Bitinia, pero el Espíritu no se los permitió. Y pasando junto a Misia, descendieron a Troas. Y se le mostró a Pablo una visión de noche: un varón Macedonio estaba en pie, rogándole y diciendo: Pasa a Macedonia y ayúdanos. Cuando vio la visión, en seguida procuramos partir para Macedonia, dando por cierto que Dios nos llamaba para que les anunciásemos el evangelio.

Como supervisor magistral, el Espíritu Santo literalmente dirigió cada paso de sus viajes. Los apóstoles hicieron ciertos planes y en ocasiones su supervisor dijo no. Otras instrucciones llegaron y ellos las obedecieron y tuvieron éxito.

La guía del Espíritu Santo frecuentemente llegaba a través de impresiones, sueños, visiones y profecías. Desde esta redirección divina en particular llegó el fundamento exitoso para la gran iglesia que se levantó más tarde en Filipos, y nuestro amado libro del Nuevo Testamento Filipenses.

Los apóstoles entendieron claramente el valor de la supervisión del Espíritu Santo a medida que salían. Buscaban su influencia en las decisiones que debían tomar en cada paso del camino. Esto requirió de verdadera humildad y sensibilidad espiritual combinada con una voluntad para abandonar todos los otros planes naturales. El resultado de esta condescendencia fue que disfrutaron un éxito sin precedente.

¿Qué resultados se obtendrían en las misiones modernas si este mismo deseo de supervisión divina fuera una parte relevante de nuestros ministerios? Si más ministerios hoy fueran receptivos a este tipo de guía y supervisión, ciertamente habríamos ganado más territorio para el Señor para este momento.

5. El sello del apóstol

Cuando los embajadores llevaban mensajes en nombre de los reyes, las cartas normalmente estaban selladas con el sello del rey (ver Génesis 41:42; 1 Reyes 21:8, Ester 8:8).

Esto se hacía casi siempre con una impresión en cera del propio anillo del rey, llamado sello. Este servía para autentificar la correspondencia que con frecuencia era extremadamente sensible. Al abrir la carta, el destinatario vería el sello y se aseguraría de la validez de su contenido.

En la misma manera, el Espíritu de Dios actúa como un sello sobre el mensaje del apóstol. En efecto, la Escritura enfatiza que el Espíritu de Dios sella a todo su pueblo:

> El cual también nos ha sellado, y nos ha dado las arras del Espíritu en nuestros corazones (2 Corintios 1:22).

> En él también vosotros, habiendo oído la palabra de verdad, el evangelio de vuestra salvación, y habiendo creído en él, fuisteis sellados con el Espíritu Santo de la promesa (Efesios 1:13).

> Y no contristéis al Espíritu Santo de Dios, con el cual fuisteis sellados para el día de la redención (Efesios 4:30).

¿Cuál es la manifestación del sello del apóstol? Implica la imagen de dos de las grandes obras que el Espíritu de Dios ejecuta alguna vez. Primero, el sello es marcado por vidas cambiadas. Cuando Pablo defendió su apostolado, discutió poderosamente con los corintios: "Si para otros no soy apóstol, para vosotros ciertamente lo soy; porque el sello de mi apostolado sois vosotros en el Señor" (1 Corintios 9:2). El apóstol es certificado por la evidencia de una vida transformada.

Segundo, la obra del Espíritu Santo viene a ser un sello sobre el apóstol como se evidencia a través de señales sobrenaturales, maravillas y proezas poderosas: "Con todo, las señales de apóstol han sido hechas entre vosotros en toda paciencia, por señales, prodigios y milagros"(2 Corintios 12:12). Para Pablo, tales señales eran relevantes para valorar el ministerio de un verdadero apóstol y, por esa razón, necesitamos considerar si un aumento de este tipo de ministerio es o no deseable para hoy. Creo que lo es, aunque ciertamente no es tan importante como el carácter probado en el ministerio apostólico (ver capítulo 8 "Las señales de un apóstol", donde trato este asunto directamente).

Estoy convencido de que mucha gente en el ministerio actual son apóstoles, aunque no experimenten con regularidad este tipo de señales, maravillas y milagros a los cuales se refiere Pablo. Finalmente, creo que necesitamos contar con el mensaje de este versículo a medida que la totalidad del ministerio apostólico aparece sobre la tierra. Se mantiene el hecho de que las vidas cambiadas y las manifestaciones milagrosas del poder de Dios son parte del sello del Rey Jesús sobre el auténtico embajador del cielo y sobre el importante mensaje que el embajador entrega.

Entender el papel del apóstol dentro del Reino de Dios, aparte de su relación con el Espíritu Santo, es imposible. Aunque los políticos puedan confundirse brevemente con las líneas de poder en una emergencia nacional, el Cuerpo de Cristo no puede pagar el precio de estar confundido con la línea de poder de los apóstoles, especialmente en la hora crítica en que vivimos. Los apóstoles están inseparablemente ligados al Espíritu Santo y dependen completamente de Él como quien les separa, les envía, como su fuente, supervisor y sellador.

6

¿QUÉ ES UN APÓSTOL?

IGUAL QUE LA MAYORÍA DE LA GENTE OCUPADA HOY, HE TENIDO muchas ocasiones en las que he viajado en avión. Encuentro fascinante muchos aspectos del vuelo, pero uno de los más grandes momentos del viaje por aire ocurre cuando los cielos están nublados. Durante su exigente ascenso, el avión se cubrirá poco a poco con humedad hasta que la espesa neblina lo devora. La visibilidad se reduce instantáneamente a cero y, por un momento, la desorientación puede ser un poco perturbadora. Entonces, tan repentinamente como el avión entra en la niebla, sale de ella. Una sensación de alivio y asombro brota dentro de mí a medida que la nave atraviesa con rapidez lo gris hacia un panorama brillante de cielos claros como el cristal. La visibilidad que había sido tan limitada rápidamente viene a ser casi infinita. Este emocionante momento ofrece una analogía poderosa.

UN ENTENDIMIENTO NUBLADO

A medida que consideramos la definición de apóstol, aparentemente debemos elevarnos sobre una niebla intelectual y espiritual si es que vamos a llegar a un entendimiento claro como el cristal. Pocos ministerios han tenido la dificultad de ser definidos y aceptados hoy como el de apóstol. No muchos entienden ni aprecian este papel en la Iglesia. Como lo apunta Vinson Synan: "La mayoría de la gente en la historia de la Iglesia que se han proclamado nuevos apóstoles han sido marcados como herejes y excomulgados de ella."[1] ¿Evita el pueblo de Dios entender el ministerio de apóstol como si esta información fuera en cierta manera un tabú? El propósito de este capítulo —y de este libro— es ayudar a disipar la niebla que nos mantiene en la oscuridad.

Como ejemplo de nuestra tendencia a evadir el tema, considera nuestro enfoque de la palabra "apóstol" en sí misma. Muchos en la iglesia actual se estremecerían al escuchar a alguien referirse a un creyente como apóstol, aunque no tenemos tal problema con otros títulos ministeriales como pastores y evangelistas.

Wayne Grudem, un teólogo, sugiere: "Si cualquiera en los tiempos modernos quiere tomar el título de 'apóstol' para sí, inmediatamente levanta la sospecha de que puede estar motivado por un orgullo inapropiado y por deseos de autoexaltación, junto con excesiva ambición y un anhelo de mayor autoridad en la Iglesia, que lo que cualquier otra persona debería tener legítimamente."[2] ¿Será que para escapar a lo incómodo del término "apóstol", lo hemos retirado arbitrariamente y remplazado con el título más común de "misionero" (término que no se encuentra en la Escritura)?

Es difícil entender por qué somos tan incongruentes. Entendemos y aceptamos universalmente los roles de pastores y maestros dentro del Cuerpo de Cristo, y no podemos imaginar cómo podría funcionar la Iglesia sin ellos. El ministerio de evangelista ha llegado a ser llamativo en la Iglesia durante los pasados cien años después de siglos de invisibilidad, y podemos reconocer con facilidad el papel indispensable en el crecimiento de la Iglesia que han jugado los evangelistas. Y en la década pasada, hasta el misterioso ministerio de profeta del Nuevo Testamento ha sido examinado, amplificado y ampliamente aceptado en la Iglesia. ¿Por qué entonces ha sido tan difícil clarificar el asunto del apostolado y verlo ejercido e implementado con éxito escritural?

Este estado de cosas en la Iglesia ha ocurrido por varias razones potenciales. Ciertamente Dios no puede ser responsable de cualquier conclusión relativa a este asunto, porque 1 Corintios 14:33 establece: "Pues Dios no es Dios de confusión, sino de paz".

En términos naturales, la gente puede—aparte de una sensación de humildad—, tender a evitar considerar el asunto porque el oficio se perciba como elevado. O quizás no hemos visto la necesidad de evaluar intensamente este ministerio porque la idea de que los apóstoles son para hoy ha sido rechazada tradicionalmente. Los teólogos cesacionistas han afirmado durante mucho tiempo que el oficio de apóstol murió al concluir el primer siglo, y han persuadido al

Cuerpo de Cristo a abandonar este ministerio y su viabilidad por hoy. Igualmente culpable puede ser la escasa demostración de este ministerio a través de la historia de la Iglesia, aun entre aquellos que profesan fe en su existencia.

UNA INFLUENCIA MALIGNA

Existe al menos una razón espiritual para la falta de entendimiento en el área de los apóstoles. Satanás, el gran mentiroso, está en el corazón de toda oscuridad e ignorancia, y sus intentos para nublar el asunto han sido deliberados. El apóstol bien podría representar la amenaza humana más grande en la existencia de la obra de Satanás.

Dondequiera que opera el ministerio apostólico, un espíritu de confusión parece levantarse e intenta neutralizarlo. En Hechos 17, después que el ministerio de Pablo en una sinagoga tesalónica había comenzado a producir convertidos "los judíos no creían, teniendo celos, tomaron consigo algunos ociosos, hombres malos, y juntando una turba, *alborotaron* la ciudad; y asaltando la casa de Jasón, procuraban sacarlos al pueblo" (v. 5, énfasis mío). En Hechos 19, después que el ministerio apostólico de Pablo produjo milagros, liberaciones y conversiones en Éfeso, "la ciudad se llenó de *confusión*" (v. 29, énfasis mío). No es accidental que en nuestros días la niebla de confusión haya devorado al Cuerpo de Cristo con respecto a los apóstoles. El enemigo utilizará cualquier medio que pueda para prevenir que el Cuerpo de Cristo reconozca el oficio de apóstol.

¡Como le tiene pavor el enemigo al apóstol! ¡Cómo teme la restauración total de este ministerio! Una función apostólica del Nuevo Testamento totalmente desplegada dentro de la Iglesia hoy impactaría al dominio de la oscuridad. Satanás sabe esto y estoy seguro que todo el infierno se estremece ante la perspectiva de una revitalización de los apóstoles y del pueblo apostólico. El objetivo claro de Satanás es crear confusión con respecto al tema y nublar nuestro entendimiento.

FUNDAMENTOS PARA ENTENDER AL APÓSTOL

Algunas verdades son esenciales para entender el papel del apóstol. Necesitamos considerarlas como fundamentales para aclarar y elaborar nuestro conocimiento sobre ellas. Entonces, a lo largo de algunos de los próximos capítulos, seremos capaces de dar mayores detalles.

Duración del apóstol

La primera pregunta que debemos formular es, *¿Son los apóstoles para hoy?* Un engaño devastador del enemigo contra el avance de la Iglesia ha sido propagar la errada idea que afirma que no había la intención de que los apóstoles operaran más allá del primer siglo.

Algunos cristianos asumen que el ministerio de los apóstoles cesó junto con la era del Nuevo Testamento. Ellos fallan en *diferenciar entre la función apostólica original representada por "los Doce" y la función apostólica constante*. El resultado es que se le niega a la Iglesia los beneficios de un ministerio apostólico hoy.[3]

> Complejos argumentos intelectuales se han erigido contra la vigencia de los apóstoles modernos a pesar de la clara enseñanza de la Escritura. Reflejando esta posición, el Dr. Lewis Sperry Chafer escribió: "El servicio de aquellos designados aquí (en Efesios 4:11) como apóstoles evidentemente cesó con la primera generación de la Iglesia, *por lo que ningún ministerio calificado como tal debe ser reconocido en la iglesia hoy*" (Chafer, 1948; p. 217).[4]

> Otros sostienen que el papel funcional del apóstol ha permanecido siempre en la Iglesia. Alan R. Tippett escribe: La palabra *apóstol* no está confinada a los Doce. Bernabé, por ejemplo, fue llamado apóstol (Hechos 14:14), habiendo sido llamado y enviado (Hechos 13:2-3). Aquí el que envía es el Espíritu Santo actuando a través de la Iglesia. Parecería a partir de referencias como Romanos 16:7 y Efesios 4:11 que Dios *tuvo la intención de que el papel funcional del apostolado continuara en la Iglesia* (Tippett, 1969, pp. 44-45).[5]

La pregunta de la función perenne de los apóstoles sólo puede ser respondida examinando la Biblia. Es evidente que los doce apóstoles mantienen una posición única y de autoridad en el reino. La existencia de apóstoles más allá del número de los doce en el Nuevo Testamento es igualmente clara. Pablo fue uno de ellos y, como ya hemos visto, la Escritura brinda una lista de otros que fueron llamados apóstoles (para un listado de sus nombres, ver mi sección "Otros apóstoles del Nuevo Testamento" en el capítulo 4). La confusión entre los doce apóstoles (quienes son únicos y cuya función es completa) y los otros apóstoles en el Nuevo Testamento (cuya función algunos asumen que es completa, pero no lo es) ha avivado el error de creer que el oficio cesó.

Peter Wagner encuentra que "La evidencia bíblica apoya fuertemente la continuidad del don de apóstol. Los doce apóstoles originales tienen un lugar único en la historia cristiana y serán permanentemente conmemorados en la Nueva Jerusalén (ver Apocalipsis 21:14), pero no eran los únicos. Primera de Coríntios 15 menciona que después de la resurrección Jesús apareció a 'los doce' y luego también a 'todos los apóstoles', indicando que había apóstoles además de los doce (ver 1 Corintios 15:5,7). Además, las advertencias acerca de 'falsos apóstoles' no tendría sentido si ellos estuvieran limitados a los doce (ver 2 Corintios 11:13; Apocalipsis 2:2)".[6] Él también anota: "A través de las edades tanto como hoy, muchos siervos de Dios con dones han sido y serán verdaderos apóstoles". [7]

Tres razones poderosas para la existencia de los apóstoles hoy deben considerarse:

1. *Los necesitamos.* Es difícil imaginar cómo la Iglesia puede extenderse e influenciar al mundo separada de la gente habilitada por el Espíritu que puede igualar el trabajo del primer movimiento apostólico. Los apóstoles son grandemente necesitados en la Iglesia actual.

2. *La Escritura nunca indica que el oficio del apóstol cesaría.* Ellos no son vistos en la Escritura como dinosaurios espirituales que debían extinguirse en algún tipo de edad de hielo preordenada. Ni siquiera un versículo puede ser razonablemente analizado para sugerir que los apóstoles eran temporales.

3. *La Biblia enseña que ellos actuarán perennemente.* Esto es, por supuesto, el argumento más poderoso para validar una función apostólica para los días presentes. Pablo declara que los apóstoles (así como los profetas, evangelistas, pastores y maestros) continuarán para actuar en el plan de Dios "hasta que todos lleguemos a la unidad de la fe y del conocimiento del Hijo de Dios, a un varón perfecto, a la medida de la estatura de la plenitud de Cristo" (Efesios 4:13). Esa palabra "hasta" es importante. Claramente la Iglesia no ha llegado aún a ese punto de perfección y madurez. El apóstol debe mantener una función, un oficio y un llamado duraderos como parte esencial del Cuerpo de Cristo hasta que ese objetivo se logre.

Distinciones del apóstol

No podemos entender totalmente la Iglesia como organismo o como un cuerpo hasta que entendamos la posición del apóstol en la membresía de este. Aunque cada miembro en el Cuerpo es indispensable, el apóstol sigue siendo uno de los miembros más esenciales y principales en el Cuerpo de Cristo corporativo.

El apóstol es distinto de otros dones ministeriales mencionados en la Escritura y parece poseer lugar, función e importancia única, en el plan de Dios. Los apóstoles se consideran la primera cita de Dios en la membresía del Cuerpo:

> Y a unos puso Dios en la iglesia, primeramente apóstoles, luego profetas, lo tercero maestros, luego los que hacen milagros, después los que sanan, los que ayudan, los que administran, los que tienen don de lenguas. ¿Son todos apóstoles? ¿Son todos profetas? ¿Todos maestros? ¿Hacen todos milagros? ¿Tienen todos dones de sanidad? ¿Hablan todos en lenguas? ¿Interpretan todos? (1 Corintios 12:28-30)

> Y él mismo constituyó a unos, apóstoles; a otros, profetas; a otros, evangelistas; a otros, pastores y maestros (Efesios 4:11).

No podemos entender totalmente la Iglesia como el templo del Dios vivo hasta que valoremos en forma apropiada al apóstol como ministerio fundamental (ver Romanos 16:20; 1 Corintios 3:9-16; 9:1). La base en cualquier estructura es indispensable; provee fortaleza, estabilidad y es la clave para la extensión potencial. Esta cualidad del ministerio apostólico también es aparente en la Escritura:

> Conforme a la gracia de Dios que me ha sido dada, yo como perito arquitecto puse el fundamento, y otro edifica encima; pero cada uno mira cómo sobreedifica (1 Corintios 3:10).

> Edificados sobre el fundamento de los apóstoles y profetas, siendo la principal piedra del ángulo Jesucristo mismo (Efesios 2:20).

Como ministerio fundamental, el apóstol sirve junto con el profeta colocando el fundamento para todo el templo de Dios, mientras recibe lineamientos y posiciones de la piedra angular, Jesucristo. Sin el apóstol como miembro de la fundación progresiva de la Iglesia, no podemos convertirnos por completo en el templo del Dios vivo. El apóstol no puede ser omitido como miembro principal del Cuerpo de Cristo ni como estructura básica del templo de Dios.

Dimensiones del apóstol

Los apóstoles deben ser vistos no sólo en términos de su duración y distinción, su dimensión debe considerarse también. Esto es, los apóstoles deben entenderse y apreciarse por lo que son, pero en este proceso debe tenerse cuidado para evitar atribuirles más de lo que les atribuye la Palabra de Dios.

Dos ideas erróneas existen acerca del apostolado dentro del Cuerpo de Cristo que necesitan cambiar. Una implica subestimar el ministerio del apóstol (como hemos visto), y la otra atribuirles *más* de lo que es legítimo a ellos. El Cuerpo de Cristo a veces parece deificar a los apóstoles aun cuando no negamos su existencia.

Un ejemplo de este tipo de sobreapreciación de los líderes se observa en la vida de William Branham, un pionero en el resurgimiento de la sanidad después de la Segunda Guerra Mundial. Aunque algunos creen que tenía un ministerio legítimo al principio, él parece haber sido engañado casi al final de su vida y fue deificado por sí mismo y por su entorno. Se proclamó ser el ángel de Apocalipsis 3:14 y 10:7. Después de su muerte, algunos de sus seguidores esperaban que resucitara y aun otros creían que él era Dios y que fue nacido de virgen.[8]

Al medir las dimensiones del oficio de apóstol, debemos cuidar de no exagerar la posición relevante del apóstol hasta el punto del desequilibrio. Aunque los apóstoles son principales en el Cuerpo de Cristo, sólo son humanos y como tales serán imperfectos y falibles. Ciertamente ni el pueblo ni el movimiento apostólico serán perfectos. Cada persona apostólica y cada apóstol representan sólo una fracción de la ecuación total. El Cuerpo está compuesto de muchos miembros, y es necesario que todos trabajen juntos para cumplir la voluntad de Dios.

Desarrollo del apóstol

Otro basamento importante a considerar al tratar de entender el ministerio de los apóstoles implica su desarrollo espiritual. Una vez más, por causa de la tendencia a casi deificar a los apóstoles, algunos pueden cometer el error de no darles espacio para crecer y desarrollarse. Los apóstoles maduran gradualmente como lo hacen otros con cualquier don ministerial. El término "apóstol" por tradición evoca la imagen de una persona totalmente experimentada, desbordante de sabiduría y experiencia. Esto puede dejar a algunos con la impresión de que sólo los más maduros pueden ser llamados a esta posición.

Nada más lejos de la verdad. En el caso de los Doce, Cristo se refirió a ellos como apóstoles cuando todavía eran inmaduros y no probados (ver Lucas 6:12). Pedro es un excelente ejemplo de un hombre que comenzó su apostolado lleno de inestabilidad e irracionalidad, pero creció a una maravillosa madurez. Estaba en un proceso, aunque inmaduro, pero siempre apóstol.

El Señor edifica a partir del potencial de la persona. Un creyente puede ser llamado a ser apóstol mientras está inmaduro. Los apóstoles pueden ser personas en progreso, personas en construcción, mientras la semilla del apostolado está presente en lo profundo de sus espíritus. Jesucristo crea apóstoles y los llama así antes de lo que muchos los reconocerían como tales. Bill Scheidler perspicazmente señala un proceso detallado para desarrollar al apóstol, basado en su estudio. El lector puede encontrarlo útil.[9]

Diversidad de apóstoles

Por último, es importante considerar la infinita diversidad que debe existir en el oficio apostólico. Los apóstoles son un grupo diverso, y ningún apóstol solo establece un modelo para el apostolado, a menos que consideremos a Jesucristo. Una infinita variedad de formas y funciones están presentes en el don del apostolado. Ninguno de los apóstoles en el Nuevo Testamento ministró precisamente en la misma forma. Tal como existe una variedad de operaciones en el oficio profético, el evangelístico y el de maestro, así el apóstol labora únicamente dentro de la voluntad de Dios para su propia vida. Santiago fue diferente a Pablo, y Pedro fue bastante distinto a Juan. Aunque la unidad es esencial, una uniformidad precisa en la función entre los apóstoles no lo es.

La definición de apóstol necesita ser enfocada libre de ideas erróneas. Mantener en mente la maravillosa duración, distinciones, dimensiones, desarrollos y diversidades del apóstol nos ayudará a guardar una base estable para entender la definición del apóstol.

SIGNIFICADO DEL TÉRMINO APÓSTOL

La palabra apóstol arroja gran cantidad de luz sobre el asunto del trabajo y el carácter del personaje. El vocablo griego original traducido como apóstol es *apostolos*. Y viene de la raíz que significa "uno que es enviado adelante" o "enviado lejos de un lugar a otro para cumplir una misión específica". La palabra "apóstol" fue utilizada para hombres que eran oficiales navales o marineros mercantes responsables de un flota completa de barcos. También se usaba para referirse a un emisario o embajador; a una flota de barcos o una expedición enviada con un objetivo específico; al almirante que comandaba la flota o a la colonia que era fundada por este.

Si una flota de barcos dejaba Roma para establecer una nueva colonia en algún lugar, todos estos eran llamados apóstoles, la flota, el almirante y la colonia recién fundada. La verdad particular enfatizada por estos usos es la relación de los que fueron enviados con el que les envió. Todas estas, el almirante, la flota y la nueva colonia que se formó, representaban a aquel por quien fueron enviados. En otras palabras, fueron fieles para transmitir o reflejar las intenciones del que los envió. La actitud más importante de un verdadero apóstol, entonces debe ser la fidelidad.[10]

Los apóstoles tenían la misión de supervisar el movimiento y la tarea de esos barcos a largas distancias para que el objetivo de una autoridad superior pudiera lograrse. Estaban encargados de supervisar los recursos, motivar y lidiar con la mano de obra, tratando con circunstancias y condiciones cambiantes y manejando fuerzas enemigas de tal forma que complaciera a sus superiores.

El término *apóstolos* en sí mismo puede ser traducido como "mensajero", o "uno que es enviado con órdenes". Los apóstoles son delegados a una clara misión por una figura de autoridad. Salen como representantes de sus comandantes, enviados a cumplir sus órdenes. La palabra "apóstol" es importante en el Nuevo Testamento, apareciendo en cada uno de sus escritos: Evangelios (10 veces), Hechos (28 veces), Epístolas (38 veces) y en el libro de Apocalipsis (3 veces), para un total de 79 apariciones. Un término relacionado que ya hemos discutido es *apostello*, el cual significa *enviado*. Los apóstoles son simplemente "enviados", como en Hechos 13:1-4 (énfasis mío):

> Había entonces en la iglesia que estaba en Antioquía, profetas y maestros: Bernabé, Simón el que se llamaba Níger, Lucio de Cirene, Manaén el que se había criado junto con Herodes el tetrarca, y Saulo. Ministrando éstos al Señor, y ayunando, dijo el Espíritu Santo: Apartadme a Bernabé y a Saulo para la obra a que los he llamado. Entonces, habiendo ayunado y orado, les impusieron las manos y los despidieron. Ellos, entonces, enviados por el

Espíritu Santo, descendieron a Seleucia, y de allí navegaron a Chipre.

Otro término relacionado es *pempo*, traducido como "enviado", pero este se usa sólo en los escritos de Juan. Es el equivalente puro de *apostello*, y se emplea intercambiablemente para significar *enviado*, como en Juan 13:16: "De cierto, de cierto os digo: El siervo no es mayor que su señor, ni el *enviado* es mayor que el que le *envió*" (énfasis mío).

Los apóstoles son vistos en la Escritura como mensajeros de la iglesia:

> En cuanto a Tito, es mi compañero y colaborador para con vosotros; y en cuanto a nuestros hermanos, son *mensajeros* de las iglesias y gloria de Cristo (2 Corintios 8:23, énfasis mío).

> Mas tuve por necesario enviaros a Epafrodito, mi hermano y colaborador y compañero de milicia, vuestro *mensajero*, y ministrador de mis necesidades (Filipenses 2:25, énfasis mío).

Sobre todo debemos tener en mente la imagen que está pintada del apóstol en Efesios 4, donde son vistos como equipadores dados por Cristo al Cuerpo a fin de perfeccionarlo y madurarlo.

¿PUEDEN LAS MUJERES SER APÓSTOLES?

Esta es una pregunta verdaderamente complicada, pero como ha señalado Gilbert Bilezikian, "cada generación de cristianos debe examinar sus creencias y prácticas bajo el microscopio de la Escritura para identificar y purgar aquellas mundanas que fácilmente nos persiguen, y proteger con celo la libertad costosamente adquirida por nosotros, tanto hombres como mujeres, en la colina del Calvario".[11]

Algunos de los asuntos periféricos relacionados con la pregunta de las mujeres como apóstoles no serán tratados aquí. Ellos incluyen preguntas como: ¿Puede la mujer hablar en la iglesia? ¿Qué se entiende por sumisión, velos, cubrirse y dirección masculina? Las respuestas implican exégesis gramatical compleja, y han sido tratados cuidadosamente por otros autores. Nuestra pregunta no es la de las mujeres en el ministerio, sino la de las mujeres en el ministerio apostólico.

Argumentos en contra de las mujeres como apóstoles

Algunos argumentos de larga data han sido nivelados en contra de las mujeres como apóstoles. Estos pueden resumirse como sigue:

La Biblia establece un modelo de sacerdocio o ministerio puramente masculino. Aaron y sus hijos fueron llamados por Dios a ministrar a su pueblo. Jesús escogió hombres como sus apóstoles. "Nuestro Dios ciertamente previó que, como resultado de su crucifixión, el sistema sacerdotal judío terminaría. Él podría haber tomado esa oportunidad para romper el molde de un ministerio todo masculino si hubiera querido. Que no lo haya hecho habla claramente contra cualquier cambio sexual y a favor de continuar el patrón del sacerdocio masculino".[12]

El orden debido previene que la mujer tenga autoridad sobre el hombre. Porque este fue creado primero, y la mujer fue creada para ser una "ayudante" (Génesis 2:18), a esta no debe permitírsele ejercer autoridad sobre los hombres (ver 1 Timoteo 2:12). El hombre es la cabeza de la mujer (ver 1 Corintios 11:2, 3). Tener mujeres apóstoles violaría el debido orden de la dirección masculina.

En la Biblia no se encuentra ningún ejemplo de mujeres apóstoles. A este respecto, es digno mencionar que importantes campeones del movimiento apostólico moderno a menudo toman una posición fuerte contra las mujeres como apóstoles. Por ejemplo, Dick Benjamin, un predecesor en el ministerio apostólico, escribe: "Los dones de los que se habla en Efesios fueron dados por Cristo el apóstol, Cristo el profeta, Cristo el maestro, Cristo el jefe y cabeza de la iglesia, infundiendo su personalidad en cinco ministerios masculinos que iban a llevar a la Iglesia a la perfección. No son ministerios válidos para mujeres."[13] Él también afirma que "regir no es una función femenina"[14] y que las "mujeres misioneras, solteras o casadas, están fuera de orden al intentar cumplir cualquiera de los ministerios de un apóstol".[15]

Conozco varios hombres que liderizan grandes ministerios e iglesias que mantienen estas posiciones, o ligeras variaciones de ellas. Tienen ministerios maravillosos y defienden sus posiciones con sinceridad y un profundo aprecio por las mujeres.

Argumentos en pro de las mujeres como apóstoles

Un igual número de argumentos razonables, sin embargo, se hacen para afirmar que las mujeres *pueden* ser apóstoles. Ellos incluyen las siguientes posiciones resumidas:

Debora es un ejemplo de una mujer levantada por Dios y colo-cada en una posición gubernamental (ver Jueces 4—5). Ella se convirtió en un comandante militar y en gobernadora de una nación. Aunque muchos dicen que Dios escogió a una mujer sólo porque los hombres fallaron en cumplir su papel, es difícil ver cómo un Dios omnipotente no podría hallar a un hombre entre diez miles en Israel que pudiera dirigir convenientemente. En este caso, la elección de Dios para gobernar fue una mujer.

Las mujeres cumplen roles vitales en el ministerio apostólico de Pablo. Don Williams afirma: "La parte de las mujeres en el ministerio inspira la afirmación más fuerte de Pablo. Febe fue ayudante del apóstol (Romanos 16:2). Priscila se unió a Aquila al arriesgar su cuello por Pablo y todas las iglesias están agradecidas por ella (Romanos 16:3-4). María trabajó duro entre los romanos (Romanos 16:6). La madre de Rufo sirvió de madre a Pablo (Romanos 16:13). Ninfas tuvo una iglesia en su casa (Colosenses 4:15). La gente de Cloé reportaba a Pablo (1 Corintios 1:11). Loida y Eunice tenían una fe sincera (2 Timoteo 1:5), y Apia era una hermana en el Señor para Pablo y Timoteo (Filemón 2). Es exactamente la naturaleza incidental de estas referencias lo que las hace más impresionantes. Pablo amó, afirmó, dependió de, y ministró con, mujeres. Ellas son 'compañeras obreras' en el evangelio". [16]

Razones escriturales e históricas nos llevan a creer que las mujeres pueden involucrarse en el gobierno así como en las posiciones apostólicas. Febe fue señalada por Pablo como "sierva" (literalmente, *ministra*) de la iglesia en Cencrea, y "socorrista (*prostasis*) de muchos". Como lo señala Patricia Gundry, la definición más importante de prostasis es "una mujer colocada sobre otros".[17] Esto indica una posición de autoridad importante.[18] Evidentemente ella fue capaz de conformarse a los principios escriturales de autoridad, dirección y cobertura mientras mantenía una posición de supervisión.

Junia fue apóstol y más que probablemente una simple mujer. Charles Trombley escribe:

> Se argumenta que Junia pudiera ser Junias, un nombre de hombre, pero los eruditos no están absolutamente seguros qué género significa, ya que ambos nombres Andronikos y Junias están en acusativo. En vez de comenzar a partir de una base de incertidumbre, es posible buscar los escritos de los padres de la Iglesia Primitiva que estaban

mucho más cercanos a los manuscritos originales y a la Iglesia de lo que estamos hoy.

Juan Crisóstomo (337-407), obispo de Constantinopla, no era aficionado a las mujeres. Él decía algunas cosas negativas acerca de ellas pero hablaba positivamente acerca de Junia. "¡Oh, tan grande es la devoción de esta mujer que debería contarse digna de la apelación de apóstol!" No era el único padre de la iglesia que creía que Junia era una mujer. Orígenes de Alejandría (c. 185-253) dijo que el nombre era una variante de Julia (Romanos 16:15), como lo hace *Thayer's Lexicon*, Leonard Swidler citó a Jerónimo (340-419), Hatto de Vercelli (924-961), Teofilac (1050-1108), y Pedro Abelardo (1079-1142) que creían que Junia era una mujer.

El doctor Swindler afirmó: "Hasta donde conozco, ningún comentarista del texto hasta Aegido de Roma (1245-1316) tomó el nombre como masculino". Aparentemente la idea de que Junia era el nombre de un hombre es un concepto relativamente moderno pero el grueso de la mejor evidencia disponible es que Junia era en efecto una mujer, un apóstol notable.[19]

Aunque las mujeres no se encontraban entre los Doce, estos fueron ordenados como apóstoles a Israel donde la presencia de mujeres en el liderazgo no habría sido aceptada. No podemos argumentar razonablemente que las mujeres no pueden ser apóstoles porque no estaban entre los Doce. Ellas son otra clase de apóstoles. Además, utilizando esta lógica errada seríamos capaces de argumentar que dado que no había hombres africanos dentro de los Doce, los hombres africanos no pueden ser apóstoles y otras cosas por el estilo. Este tipo de razonamiento no sería lógico.

No podemos dejar pasar las increíbles palabras del apóstol Pablo en 1 Tesalonicenses 2:6-8, donde describe su ministerio apostólico en términos decididamente femeninos, como nutrir y cuidar. *La Nueva Versión Internacional de la Biblia* presenta el versículo 7 así: "los tratamos con delicadeza. Como una madre que amamanta y cuida a sus hijos". Es improbable que Pablo haya escogido tal lenguaje si hubiera temido combinar los conceptos de feminidad y apostolado en el mismo contexto.

Dada la evidencia, podemos concluir razonablemente que las mujeres pueden servir en posiciones gubernamentales y apostólicas si su don, carácter y relación apropiada con la autoridad ordenada de Dios lo permite, y si son soberanamente llamadas por Él. Aunque parece que este tipo de ministerio es posible, también parece que es poco frecuente. La apertura conservadora es una posición sabia en el servicio de un Dios de orden y soberanía. Sobre todo, este asunto nunca debe permitirse que polarice o divida al Cuerpo de Cristo. La gente de buena voluntad y fe sincera puede no concordar en este punto aunque mantenga la unción y pasión apostólicas en sus vidas.

Sea cual sea la posición que uno asuma, es innegable que las mujeres han sido una fuerza clave en el ministerio apostólico en los tiempos modernos. Me estremezco al pensar dónde estaríamos si todas las mujeres de la historia que han vivido y trabajado como misioneras y supervisoras no se les hubiera permitido hacerlo. Kevin Conner, un connotado autor, afirma con elocuencia: "Si alguna vez las mujeres encuentran su lugar y realización, seguramente debería ser en la redentora y convenida comunidad, la Iglesia".[20] Las mujeres son demasiado dotadas y muy numerosas como para excluirlas de la participación significativa en las tareas importantes de la evangelización del mundo y del movimiento apostólico emergente.

SIETE REQUISITOS QUE DEFINEN A LOS APÓSTOLES

Una manera en que logramos entender el trabajo de los apóstoles es comprendiendo lo que se requiere de ellos. Un breve resumen arroja luz sobre lo que es un apóstol.

1. *Se requiere que los apóstoles tengan un llamado definitivo y personal de Dios en sus vidas.* Como hemos visto en el capítulo 3, esto es esencial.

2. *Se requiere que los apóstoles tengan una intimidad y un reconocimiento especial con Jesucristo.* En 1 Corintios 9:1, Pablo se califica a sí mismo como apóstol al citar su contacto con Cristo: "¿No soy apóstol? ¿No soy libre? ¿No he visto a Jesús el Señor nuestro?" Claramente, la identificación personal con Cristo era considerada un requerimiento para el apostolado entre los Doce (ver Hechos 1:21-25). Aunque los apóstoles de hoy son de una categoría diferente, podemos estar seguros de que un conocimiento íntimo de Cristo es vital para la fructificación en el ministerio apostólico (ver Juan 15:4,5).

3. *Los apóstoles son ancianos y deben cumplir las calificaciones bíblicas de estos.* Una persona no puede ser apóstol si no cumple

con los requerimientos morales y espirituales establecidos por los supervisores en la Escritura (ver 1 Timoteo 3:1-7; Tito 1:5-9; 1 Pedro 5:1-4).

4. *Los apóstoles son ministros quíntuplos y deben actuar como tales.* La obra de un apóstol verdadero siempre será en las áreas de equipamiento, entrenamiento y liderazgo de otros hacia el ministerio maduro ("ministerio quíntuplo" es un término ampliamente utilizado que se refiere a los cinco ministerios dados por Cristo a la Iglesia para representar oficios espirituales únicos, como se encuentra en Efesios 4:11-17.)

5. *Se requiere que los apóstoles tengan el reconocimiento y la confirmación de sus pares.* Una cosa que me enerva a medida que considero el futuro del movimiento apostólico es la posibilidad de que este oficio caiga en el abuso por personas no calificadas que asuman la posición a la cual no fueron llamados. Esa es la razón por la que he incluido un capítulo completo acerca de "Falsos Apóstoles" (capítulo 10) y he descrito en varios lugares los requerimientos bíblicos para la ordenación y la validación de apóstoles en su llamado. Otros apóstoles deben reconocer a una persona como apóstol antes de que el ministerio apostólico pueda ser completamente legitimado (ver Gálatas 2:9; Hechos 13:1-3). En esta era de ministerios autoproclamados, haríamos bien en recordar estos importantes principios de equilibrio y seguridad.

6. *Los apóstoles deben tener frutos específicos* a los cuales puedan apuntar para demostrar su apostolado. En 1 Corintios 9:1,2, donde el llamado de Pablo fue retado, este señaló vidas e iglesias establecidas como pruebas positivas de su llamado. El apostolado no es un estado mental místico; es un ministerio real que puede ser medido en los términos tangibles de iglesias establecidas, hijos espirituales en el ministerio y penetración del evangelio en áreas determinadas.

7. *Los apóstoles deben mantener su apostolado en completa sumisión a Cristo*, o caerán del apostolado y perderán su oficio como Judas (ver Hechos 1:25).

Con todos estos parámetros escriturales en mente, hemos definido al apóstol como *una persona que es llamada y enviada por Cristo y que tiene la autoridad, el carácter, los dones y las habilidades para alcanzar exitosamente y establecer a la gente en el reino de la verdad y el orden, especialmente fundando y supervisando iglesias locales.*

Peter Wagner ofrece esta excelente definición de apóstol:

El don de apóstol es la habilidad especial que Dios da a ciertos miembros del Cuerpo de Cristo para asumir y ejercer liderazgo sobre un número de iglesias con una extraordinaria autoridad en asuntos espirituales que es espontáneamente reconocido y apreciado por las mismas.

Los apóstoles son aquellos a quienes Dios ha dado especialmente a los pastores y líderes de iglesia. Son aquellos a quienes los pastores y los líderes eclesiásticos pueden acudir por consejo y ayuda. Son pacificadores, mediadores y solucionadores de problemas. Pueden hacer demandas que aun cuando parezcan autocráticas son gustosamente aceptadas porque la gente reconoce el don y la autoridad que tienen. Enfocan un cuadro general y su visión no está restringida a los problemas de una iglesia local.[21]

DEFINICIÓN SIN PERSONALIZACIÓN

Aunque ha sido una decisión difícil, he elegido deliberadamente *no* proveer a mis lectores de una lista de apóstoles actuales en este libro, y me gustaría explicar por qué. Debo confesar que tratar de definir un ministerio tan complicado y relativamente inexplorado como el de los apóstoles no ha sido fácil. Por esa razón, tal lista posiblemente sería útil para llevarnos por encima de la niebla de confusión que rodea este ministerio. Al proveer nombres de gente a quienes podría ver como apóstoles, sin embargo, un conjunto completamente nuevo de problemas surgiría que pudiera enturbiar las aguas y arriesgar la influencia de este mensaje para la Iglesia. No doy nombres por las siguientes razones:

1. Hasta donde sé, Dios no me ha cargado con la responsabilidad de decir quien es apóstol y quien no. Todo lo que puedo hacer es dar algunas sugerencias basadas en mis opiniones personales. El Señor finalmente sabe lo que ha llamado a ser a cada persona. ¡No me interesa ponerme en un lugar de juez autoseñalado y único del verdadero apostolado!

2. Debido a que el oficio de apóstol no ha llegado a una amplia aceptación, muchos a quienes podría mencionar no reconocerían ese título como apropiado para sí mismos, por lo que podrían incomodarse. Se ganaría poco con tal incomodidad

3. Una lista así polarizaría aun más a la gente con perspectivas diferentes cuando lo que necesitamos es acuerdo. Si personalizo

mi definición de apóstol, dependiendo de quien nombre, algunos podrían reaccionar contra la posición teológica de esa persona, su estilo ministerial u otros "asuntos" que producirían confusión, o quizás un rechazo absoluto de la idea de los apóstoles modernos. Por ejemplo, si sugiero el nombre de un carismático, muchos de mis lectores no carismáticos podría hallarlo difícil de digerir, y alejarse del mensaje de este libro. Eso sería trágico, a mi modo de ver. Si fallo en mencionar a un apóstol en particular, algunos podrían tomarlo como mi rechazo al llamado de esa persona. Una vez más, la gente puede separarse con un asunto que nos debería unir.

4. Los nombres sugeridos tendrían que ser líderes de amplio reconocimiento y renombre para ser significativos para la mayoría de mis lectores. Al mencionar tales nombres, corremos el riesgo de implicar que todos los apóstoles son famosos, otra idea errada e inconcebible. Muchos apóstoles legítimos, aunque callados, podrían pensar que el verdadero apostolado está ligado a un nivel de reconocimiento inalcanzable para ellos, y desilusionarse en el seguimiento de su llamado. He tratado en este libro de generar mayor aceptación y ánimo en cuanto a este ministerio, no lo contrario.

5. No creo que esta obra sea adecuada para esa lista. Un tipo diferente de estudio se requeriría para identificar a tales personas. Es mi intención, si Dios quiere, escribir otro libro que se enfoque en perfilar una variedad de apóstoles nacional y teológicamente diversos como para arrojar más luz en esta área.

Por estas razones, planeo no nublar el asunto personalizádolo, lo que podría atascar la discusión. Al contrario, me gustaría proveer a mis lectores el modelo bíblico para que podamos comenzar a aceptar y practicar el ministerio apostólico. Estoy satisfecho definiendo simplemente al apóstol y dejando las personalizaciones al lector.

Una clara definición de los términos puede hacer maravillas para ayudar al Cuerpo de Cristo a disipar la niebla de ignorancia ante la clara luz de la Palabra de Dios acerca de los apóstoles y el ministerio apostólico. A pesar de la oscuridad que el enemigo ha introducido, los apóstoles son tanto necesitados como indicados para hoy. Si fracasamos huyendo a la confusión y recuperando nuestras orientaciones escriturales, nunca podremos llegar a cumplir el alto llamado que está sobre nosotros en esta hora: el llamado a *plantar y regar para crecer*.

Notas

1. Vinson Synan, "Who Are the Modern Apostles?" *Ministries Today*, marzo-abril 1992, p. 42.
2. Wayne Grudem, *Systematic Theology, An Introduction to Biblical Doctrine*, Zondervan Publishing House, Grand Rapids, 1994, p. 911.
3. Ed Murphy, *Spiritual Gifts and the Great Commission*, William Carey Library, Pasadena, 1975; actualmente fuera de edición, p. 197.
4. Ibíd.
5. Ibíd.
6. C. Peter Wagner, *Your Spiritual Gifts Can Help Your Church Grow*, Regal, Ventura, CA, 1979; edición revisada, 1994, p. 181.
7. Ibíd.
8. Stanley M. Burgess y Gary B. McGee, eds., *The Dictionary of Pentecostal and Charismatic Movements*, Zondervan, Grand Rapids, 1988, pp. 95-96. Mi agradecimiento a Bayard Taylor por sus sugerencias acerca de este punto.
9. Bill Scheidler, *The New Testament Church and Its Ministries*, Bible Temple, Portland, OR, 1980, p. 90.
10. Ibíd., p. 88.
11. Gilbert Bilezikian, *Beyond Sex Roles*, Baker, Grand Rapids, 1985, p. 214.
12. Bernard E. Seton, "Should Our Church Ordain Women? No." *Ministry*, marzo, 1985, p. 16.
13. Dick Benjamin, "Here's What the Bible Says About Women's Ministries," *The Gospel Truth*, Julio-agosto 1980, p. 9.
14. Ibíd., p. 10.
15. Ibíd., p. 12.
16. Don Williams, *The Apostle Paul and the Women in the Church*, Bim Publishing, Van Nuys, CA, 1977, p. 144.
17. Patricia Gundry, *Woman, Be Free!*, Zondervan, Grand Rapids, 1977, p. 102.
18. Richard Clark Kroeger y Catherine Clark Kroeger, *I Suffer Not a Woman*, Baker, Grand Rapids, 1992, p. 91.
19. Charles Trombley, *Who Said Women Can't Teach?*, Bridge Publishing, South Plainfield, N.J, 1985, pp. 190-191.
20. Kevin J. Conner, *The Church in the New Testament*, Acacia Press, Australia, 1982, p. 229.
21 C. Peter Wagner, *Your Spiritual Gifts*, pp. 181-182.

PLANTA Y RIEGA PARA CRECER

RECONOCER *lo que es un apóstol* REQUIERE ENTENDER *lo que este hace*. El apostolado comienza con el corazón y el carácter de una persona, pero culmina en la acción. Los apóstoles deben experimentar una fusión total de sus convicciones y su conducta, combinar sus corazones junto con sus manos, si planean consumar su llamado.

Si queremos ver el ministerio del apóstol restaurado por completo hoy, necesitamos captar la naturaleza de su labor. ¿Cuáles son las pasiones particulares de un apóstol, y en qué clase de actividades se involucra una persona apostólica? ¿Cómo hacían su trabajo los apóstoles en la Escritura, y cómo podemos lograr esa misma clase de resultados?

DOS ASPECTOS DEL MINISTERIO APOSTÓLICO

Aunque la Escritura revela una amplia variedad de personalidades entre los apóstoles, existe una maravillosa uniformidad en el trabajo que hacen. Sea su llamado judío o griego, sus funciones generales son las mismas: *los apóstoles son cosechadores sazonados y fructíferos*. Sus vidas se consumen con la pasión de plantar y regar para crecer.

El ministerio apostólico puede ser difícil y exigente, pero no es misterioso. Todo lo que un apóstol hace debe entenderse como *plantar* o *regar*.

Utilizando estas palabras, Pablo ofreció una bella alegoría del trabajo del apóstol. Él le escribió a la iglesia en Corinto, la cual había fundado:

> ¿Qué, pues, es Pablo, y qué es Apolos? Servidores por medio de los cuales habéis creído; y eso según lo que a cada uno concedió el Señor. Yo planté, Apolos regó, pero el crecimiento lo ha dado Dios. Así que ni el que planta es algo, ni el que riega, sino Dios, que da el crecimiento. Y el que planta y el que riega son una misma cosa; aunque cada uno recibirá su recompensa conforme a su labor. Porque nosotros somos colaboradores de Dios, y vosotros sois labranza de Dios, edificio de Dios (1 Corintios 3:5-9).

Plantar

Pablo describe el plantar como romper un suelo nuevo. Él quiere que entendamos que el trabajo apostólico significa establecer nueva vida. El apóstol es visto como un jardinero, un cultivador de la vida espiritual.

¿Cómo plantan los apóstoles? Comienzan seleccionando un suelo fértil. Tiene que ser un lugar donde se producirá abundante fruto. La tierra debe ser limpiada luego con oración y el suelo debe revolverse con diligencia. Entonces siembran la semilla de la Palabra de Dios en el suelo de los corazones de la gente. Dado que siembran con lágrimas, saben que recogerán con gozo (ver Salmo 126:5). La verdad comienza a echar raíz en la gente y, después de un tiempo, surge la nueva vida.

¿Qué plantan los apóstoles? Plantan iglesias. El modelo a lo largo del libro de los Hechos es sencillo, los apóstoles son enviados a penetrar las ciudades y a fundar iglesias locales. El fallecido Dr. William Steuart McBirnie establece este caso de manera sencilla, aunque profunda: "Habiendo rastreado sus vidas muy cuidadosamente, desde cualquier fuente erudita obtenible, este escritor ha concluido que sin excepción la única cosa que los apóstoles hicieron fue construir iglesias, no edificios, por supuesto, sino congregaciones. Hasta donde el registro revela, en cada ciudad o área poblada donde algunos aceptaban el evangelio, los apóstoles establecieron una congregación".[1] Después de venir a casa a descansar y reportar, revisaban sus trabajos y luego se iban a otros campos donde se repetía el proceso.

Plantar iglesias requiere una sensibilidad constante a la voluntad de Dios. El tiempo es esencial, y plantar es un asunto de temporada (ver Eclesiastés 3:2). El Espíritu Santo se reserva el derecho de dirigir a sus siervos a medida que avanzan (ver Hechos 16:6-8). También debemos recordar que el Señor de la cosecha no tiene obligación de bendecir nada que no haya iniciado. "Pero respondiendo él, dijo: Toda planta que no plantó mi padre celestial, será desarraigada" (Mateo 15:13).

Regar

Por regar, Pablo habla de nutrir con cuidado y sostener lo que ha sido plantado. Los apóstoles son fuentes progresivas de fuerza y refrescamiento para la obra que han plantado. Utilizando el agua de la Palabra, hábilmente imparten el alimento de la verdad, irrigando las almas del sediento con preceptos que producen fe y fortaleza. A medida que la impartición refrescante empapa, la obra crece más fuerte.

Pablo enseñó en Antioquía, nutriendo a aquellos que estuvieron allá por un año entero (ver Hechos 11:26). Él se quedó en Corinto por dieciocho meses, regando a los convertidos allí con la Palabra (ver 18:11). Pablo se quedó en Éfeso, enseñando a diario durante dos años en la escuela de Tiranno (ver 19:9). Su permanencia total en Éfeso duró tres años, enseñando día y noche (ver 20:31).

Una vez que una iglesia plantada llega a ser capaz de sostenerse a sí misma, el apóstol se va. Como lo observa F.F. Bruce: "Cuando aquellas iglesias habían recibido suficiente enseñanza que las capacitaba para entender su condición cristiana y su responsabilidad, el apóstol circulaba para continuar el mismo tipo de obra en otro lugar".[2] Presumiblemente, a ese punto del tiempo, la obra habría sido entregada al líder local.

Aunque puede ser un trabajo exigente, ninguno llena permanentemente la provisión espiritual del apóstol, ya que Dios ha prometido que "El alma generosa será prosperada; y el que saciare, él también será saciado" (Proverbios 11:25). Aun cuando el trabajo apostólico es agotador, Dios es fiel para reponer las reservas de aquellos que dan lo mejor de sí.

Las iglesias apostólicas también se reponen por sí mismas. En la viña increíble de Dios, eso que es regado finalmente se convierte en una fuente para plantación futura. "Porque como desciende desde los cielos la lluvia y la nieve, y no vuelve allá, sino que riega la tierra, y la hace germinar y producir, y da semilla al que siembra, y pan al que come" (Isaías 55:10). Una iglesia local plantada puede producir futuros apóstoles, profetas y pastores. La iglesia puede también proveer las finanzas necesarias para sostener nuevas obras.

La meta del crecimiento

En el ministerio apostólico, la meta de toda plantación y riego es *crecimiento tangible*. Los apóstoles plantan y riegan porque quieren presentarle una cosecha al Señor. Su objetivo no es ser conocidos como apóstoles; quieren ser productores perennes de vidas cambiadas en un reino en expansión.

Los primeros días de la Iglesia se consideraban inútiles si no había crecimiento notable y cosecha. A medida que la Palabra era predicada con poder, una multiplicación milagrosa y constante de convertidos aparecía para formar una gran compañía de creyentes (ver Hechos 6:7). El libro de los Hechos registra que "las iglesias eran confirmadas en la fe, y aumentaban en número cada día" (16:5).

La productividad de los apóstoles ayuda a certificar su autenticidad. "¿No soy apóstol? ¿No soy libre? ¿No he visto a Jesús el Señor nuestro? ¿No sois vosotros mi obra en el Señor? Si para otros no soy apóstol, para vosotros ciertamente lo soy; porque el sello de mi apostolado sois vosotros en el Señor" (1 Corintios 9:1, 2). Parte de la prueba del llamado de los apóstoles es un pueblo establecido. Los apóstoles que no salvan almas y establecen iglesias son como granjeros que no cosechan.

El aumento o crecimiento es inminente siempre que Dios esté involucrado. Él desea bendecir lo que planta porque nos ama. A medida que Israel se preparaba para cruzar el río Jordán y entrar a la tierra prometida, Moisés prometió a los colonizadores nerviosos: "Y te amará, te bendecirá y te multiplicará, y bendecirá el fruto de tu vientre y el fruto de tu tierra, tu grano, tu mosto, tu aceite, la cría de tus vacas, y los rebaños de tus ovejas, en la tierra que juró a tus padres que te daría" (Deuteronomio 7:13). Nunca debemos permitir que nuestro temor al fracaso nos aparte de plantar y regar. Dios nos *hará* crecer si seguimos su guía.

Principios del crecimiento

¿Cómo ocurre el crecimiento? Dios nos ha dado ciertos principios universales para explotar y utilizar a fin de producir crecimiento. Estos principios necesitan ser intencionalmente aplicados en el movimiento apostólico para que el aumento dinámico pueda llegar a la Iglesia.

El aumento viene por la inversión. Los apóstoles invierten sus vidas, sus finanzas y su tiempo. Cuando sembramos en el ministerio, recogemos una cosecha de resultados. "Hay quienes reparten, y les es añadido más; hay quienes retienen más de lo que es justo, pero vienen a pobreza" (Proverbios 11:24).

El aumento se eleva a través de la fe. Los apóstoles se mueven en fe para aumento. Ellos enseñan fe a su pueblo, sabiendo que esto resulta en una extensión de sus ministerios (ver 2 Corintios 10:15). "Así que las iglesias eran confirmadas en la fe y aumentaban en número cada día" (Hechos 16:5).

El aumento sigue al esfuerzo. Los apóstoles no temen al trabajo duro. "Las riquezas de vanidad disminuirán; pero el que recoge con mano laboriosa las aumenta" (Proverbios 13:11). Un verdadero apóstol es como un hacha poderosa que rara vez se cansa y genera gran aumento (ver 14:4).

El aumento viene a través de la sinergia. Los apóstoles entienden la importancia de la participación unida, amplia y efectiva del pueblo de Dios. Fueron necesarios Pablo y Apolos para regar y plantar. Cada parte del Cuerpo debe estar activa, contribuir y estar en armonía para que el aumento ocurra (ver Efesios 4:16; Colosenses 2:19). (Más acerca de este principio se dirá en el capítulo 14, "La red del reino").

El aumento es una recompensa por la obediencia. Los apóstoles entienden las bendiciones de la obediencia a la visión celestial (ver Hechos 26:19). La bendición delineada para aquellos que obedecen la Palabra de Dios es el aumento (ver Deuteronomio 28:4).

Vehículos del ministerio apostólico

Ahora que entendemos los principios de plantar, regar y aumentar, llegamos a la pregunta: *¿Qué vehículos usan los apóstoles para ejecutar estas funciones esenciales?*

Sea que estén en el proceso de plantar o regar, *la comunicación efectiva* es central para su trabajo. Los apóstoles continuamente comunican la verdad, generando doctrina, reprobación, corrección e instrucción a partir de la Palabra de Dios (ver 2 Timoteo 3:16). Deben enseñar, predicar y ministrar en el Espíritu. Si no hacen esto eficazmente, los apóstoles nunca podrán cumplir sus ministerios.

Los apóstoles pueden utilizar dos vehículos primarios para comunicar la verdad eficazmente:

1. El ministerio vocal. Los apóstoles usan sus bocas para compartir y comunicar. Emplean horas enseñando, predicando y profetizando. El trabajo apostólico es labor verbal, y el apóstol necesita una boca dispuesta. Pablo urgía a los efesios a orar, "y por mí, a fin de que al abrir mi boca me sea dada palabra para dar a conocer con denuedo el misterio del evangelio" (Efesios 6:19).

2. El ministerio escrito. Los apóstoles distribuían epístolas y mensajes a sus iglesias cuando no podían estar allí en persona, manteniéndose en contacto a través de papel y tinta (ver Hechos 21:25; Gálatas 6:11; 1 Pedro 5:12; 1 Juan 2:21). Algunas de esas comunicaciones son las Escrituras que usamos hoy. Aunque las Escrituras están completas, los apóstoles aún necesitan escribir sus registros duraderos de verdades importantes para el beneficio de otros. Muchos apóstoles en el movimiento apostólico emergente serán escritores y necesitarán afilar sus habilidades como autores.

Las siete responsabilidades de un apóstol

Los apóstoles deben estar preparados para abrazar otras responsabilidades. Estas forman el marco completo para el lado práctico del ministerio apostólico, y dar forma al trabajo real de plantar y regar.

Plantar iglesias

Los apóstoles plantan iglesias locales porque estas son los bloques de construcción del reino. A medida que plantan, son responsables de impartir la fe y de colocar una base apropiada para el crecimiento dinámico (ver Efesios 2:20). Los apóstoles son plantadores de iglesias (ver Hechos 13:4—14:26). Este aspecto de la función apostólica es más fácilmente reconocida como perenne.

Ed Murphy anota el comentario de Ray Stedman: "Es parte del don apostólico comenzar nuevas iglesias. Llamamos a los que hacen esto 'misioneros pioneros'. En el curso de la historia de la Iglesia, ha habido muchos apóstoles secundarios como Adoniram Judson en Burma, William Carey en India, Hudson Taylor en China, etc. *Eran hombres que tenían el don apostólico y se responsabilizaron de impartir la fe completa a las nuevas iglesias*" (Stedman, 1972, p. 72).[3] En un período de tiempo, estas iglesias se estructuran con gobierno propio, doctrina y prácticas.

El trabajo de plantar una iglesia local implica penetración en un nuevo territorio. Pablo se planteó como meta predicar donde otros no habían predicado. Él quería alcanzar al no alcanzado (ver Romanos 15:14-24). A medida que los apóstoles plantan nuevas iglesias, deben servir también como pastores capaces y evangelistas para ganar almas y llevar a la gente a la madurez en Cristo.

Los apóstoles del Nuevo Testamento casi siempre deciden plantar iglesias en centros estratégicos citadinos, no en lugares remotos. Del apóstol Pablo, por ejemplo, el connotado autor británico Roland Allen dijo: "Todas las ciudades, o pueblos, en los cuales plantó iglesias eran centros de la administración romana, o de la civilización griega, o de influencia judía, o de cierta importancia comercial".[4] Si Pablo estuviera vivo hoy, podría muy bien plantar iglesias en ciudades principales como Yakarta, Tokio, Calcuta y El Cairo, así como en San Francisco, Chicago y Nueva York.

El apóstol moderno necesita seguir las formas del apóstol del primer siglo, colocando bases apropiadas, alcanzando al no alcanzado y concentrándose en centros poblados estratégicos.

Si los apóstoles plantan iglesias, ¿qué tipo de congregaciones plantan? Para entender el tipo de iglesias que los apóstoles deben plantar, puedes ver el capítulo 13, "Modelos para las iglesias apostólicas".

Supervisar y fortalecer iglesias

Los apóstoles tienen un profundo amor e interés por sus iglesias (ver 2 Corintios 11:28). Ellos saben que una vez que una iglesia es plantada, debe ser nutrida y protegida para asegurar su supervivencia. Los apóstoles guardan su cosecha, revisando frecuentemente a los convertidos en un esfuerzo por verlos establecidos en Cristo (ver Hechos 15:36). Si no pueden visitar personalmente su iglesia, envían representantes (ver 1 Corintios 4:17). Los apóstoles se regocijan cuando ven orden y una fe establecida en sus iglesias (ver Colosenses 2:5-7).

Estas responsabilidades requieren la presencia de ciertos dones espirituales. Se requiere gracia para estructurar y administrar a fin de tratar con las necesidades de una asamblea creciente. Una fuerte habilidad pastoral ayudará a proteger y guiar al rebaño. Los apóstoles tendrán el manto del maestro también, ya que están preocupados acerca de su doctrina apropiada, y quieren que la verdad se establezca con precisión (ver Hechos 2:42; 15:1-31).

Desarrollar líderes

Gran parte del tiempo de los apóstoles se emplea en establecer nuevos líderes (ver 2 Timoteo 2:22). Esta es la garantía de aumento continuo en la cosecha de los apóstoles. Ellos deben servir como padres y maestros, produciendo hijos espirituales, como Pablo con Timoteo y Tito. Esta descendencia espiritual puede ayudarlos en el trabajo apostólico. También se preocuparán por proveer pastores, ancianos, diáconos y obreros locales para apoyar completamente la casa de Dios.

Los apóstoles fieles evitan desarrollar sobredependencia de sus líderes, ya que saben que no estarán en un sitio para siempre. Ellos apuntan, en vez de eso, a establecer un proceso exitoso de discipulado por el que un pueblo fuerte esté determinado a servir a la iglesia cuando el apóstol se vaya a otro lugar a plantar.

Ordenar ministerios

Una vez que los apóstoles se han dado a sí mismos como siervos fieles, colocarán a estos siervos en oficios eclesiales. Los apóstoles regularmente ordenarán ancianos y diáconos para regir y servir en la casa de Dios (ver Hechos 6:1-6; Tito 1:5).

Durante estos momentos, los apóstoles pueden preparar un ministerio profético para imponer manos sobre aquellos que son ordenados. Juntos, este equipo de ministros impartirán dones espirituales a los candidatos (ver Romanos 1:11; 1 Timoteo 4:14; 2 Timoteo 1:6), además de acompañar las palabras proféticas (ver 1 Timoteo 1:18). La ordenación es una responsabilidad solemne y demanda una preparación adecuada a través de ayuno y oración (ver Hechos 14:23).

Supervisar y coordinar ministerios

Una gran parte de las responsabilidades del apóstol incluye jugar el rol de un gerente ministerial. Dadas las grandes responsabilidades implicadas como supervisores, los apóstoles deben ser capaces de actuar como administradores, utilizando gente para que hagan las tareas. Los apóstoles que conozco tramitan soluciones constantemente y combinan personas con lugares y necesidades.

Junto con estas líneas, los apóstoles tendrán con frecuencia necesidad de representantes fieles que puedan arreglar problemas y ocupar posiciones. Pablo reclutó a Timoteo en Listra y lo llevó en sus viajes apostólicos (ver Hechos 16:1-4). Luego lo envió a varios sitios en su lugar a cumplir responsabilidades ministeriales (ver Filipenses 2:19,20). Tíquico también fue enviado a varios lugares para ayudar en ausencia de Pablo (ver Colosenses 4:7-12).

Este tipo de actividad demanda la sobrenatural gracia de Dios sobre la vida del apóstol. El don de administración es esencial aquí (ver 1 Corintios 12:28). Las habilidades relacionadas con la delegación, supervisión y responsabilidad apropiada ayudarán al apóstol a conducir el ministerio con éxito.

Manejar crisis

El trabajo apostólico está lleno de problemas, y los apóstoles pueden entenderse como solucionadores de problemas. Las crisis económicas, los asuntos del liderazgo y las violaciones de la práctica y la conducta apropiada rutinariamente requerirán la atención del apóstol.

Los apóstoles atendían la necesidad para el alivio de la hambruna en la Iglesia Primitiva (ver Hechos 4:34-37; 11:29,30). Ellos se involucraban en la vida de aquellos que caían en pecados que requerían la disciplina de la iglesia (ver Hechos 5:1-11; 1 Corintios 5; 2 Corintios 2:5-11). Actuaron en las divisiones doctrinales que se levantaron en la iglesia (ver Hechos 15:1-6). Mucho de su trabajo consiste en poner continuamente las cosas en orden (ver 1 Corintios 11:34).

Relacionarse con otros ministerios

Cuando los apóstoles se reunieron en el Concilio de Jerusalén, nos dejaron un ejemplo de la importancia de la colegiatura en el ministerio. Ningún apóstol equilibrado busca estar aislado de otros. Los apóstoles que se separan y evitan el compañerismo con otros ministerios manifiestan un carácter pobre y deberían ser considerados sospechosos (ver Proverbios 18:1).

En el Cuerpo de Cristo, ningún ministerio individual lo tiene todo. Nos necesitamos unos a otros (ver 1 Corintios 12:21). Un verdadero apóstol entiende esto y quiere emplear tiempo creciendo a través de la asociación y fortaleciendo a la Iglesia mediante esfuerzos de cooperación y unidad. Estos esfuerzos implicarán establecer relaciones con un amplio espectro de movimientos y de personas dentro del Cuerpo de Cristo. Una vez más, hablaremos acerca de esto en mi capítulo final, "La red del reino".

RESUMEN

Para repasar lo que hemos visto, considera los notables verbos que usamos para articular el trabajo de un apóstol: *establecer* y *nutrir* la Iglesia. Los vehículos por los cuales los apóstoles llevan su trabajo adelante incluyen *comunicar, enseñar, predicar* y *escribir*. La lista de responsabilidades del apóstol incluye: *supervisar, fortalecer, desarrollar, impartir, servir de padre, ordenar, supervisar, manejar* y *relacionarse*. Estas palabras definen no sólo lo que los apóstoles hacen, sino también lo que son.

Si pudiéramos preguntarle al apóstol Pablo que resumiera el llamado apostólico, probablemente ofrecería una serie de deslumbrantes palabras para explicar sus muchos roles como maestro, obrero y siervo de Cristo. Él podría repetir sus tiernas palabras a Corinto acerca de su interés diario por todas las iglesias (ver 2 Corintios 11:28). Quizás mencionaría los sufrimientos que había sobrevivido y la abundancia de las revelaciones que Dios le había dado.

Más que cualquier cosa, estoy convencido de que la descripción de Pablo no concluiría antes de que hubiera hablado gozosa y apasionadamente del trabajo real de un apóstol y del pueblo apostólico que trabaja con él: *plantar, regar* y *crecer*.

Notas

1. William Steuart McBirnie, *The Search for the Early Church,* Tyndale House, Wheaton, IL, 1978, pp. 27-28.
2. F.F. Bruce, *Paul: Apostle of the Heart Set Free*, Eerdmans, Grand Rapids, 1977, p. 315.
3. Ed Murphy, *Spiritual Gifts and the Great Commission*, William Carey Library, Pasadena, 1975, actualmente fuera de impresión, p. 201.
4. Roland Allen, *Missionary Methods, St. Paul's or Ours?*, Eerdmans, Grand Rapids, 1962, p. 13.

LAS SEÑALES DE UN APÓSTOL

DURANTE MILES DE AÑOS, CADA VEZ QUE SE NECESITABA DETER-
minar la autenticidad de un metal precioso, se empleaba la piedra
de toque. Utilizando este método, el metal en cuestión se frotaba
contra esa piedra, que era negra, suave y lustrosa, y siempre decía la
verdad. Las marcas del metal dejadas sobre la piedra se comparaban
con la aguja de toque (un ejemplo genuino del metal en cuestión),
y se hacía una determinación. Si el metal era genuino, sus marcas
serían idénticas en color y brillo a la aguja de toque. Si había cualquier diferencia, el metal se rechazaba de inmediato. Esto brindaba
una manera universalmente aceptada para probar el oro y la plata.
Cuando había una duda, la piedra de toque arreglaba las cosas de una
manera conclusiva.

CÓMO PROBAR A UN APÓSTOL

En nuestra búsqueda por entender a los apóstoles y al ministerio apostólico, necesitamos preguntar si existe una prueba de piedra de toque
así para el discipulado. ¿Puede examinarse y determinarse la autenticidad del ministerio apostólico como para quitar cualquier duda?

Hay días en que será imperativo evaluar la validez del apostolado. Lamentablemente, una proliferación de impostores apostólicos escamosos quizás acompañe al movimiento apostólico. Segunda
de Corintios 11:13 nos advierte que existen falsos profetas que son
"obreros fraudulentos, que se disfrazan como apóstoles de Cristo".
El Espíritu Santo habló al líder de la iglesia en Éfeso y lo encomendó

diciendo: "Yo conozco tus obras, y tu arduo trabajo y paciencia; y que no puedes soportar a los malos, *y has probado a los que se dicen ser apóstoles, y no lo son, y los has llamado mentirosos*" (Apocalipsis 2:2, énfasis mío). Reconocer y tratar con falsos apóstoles es asunto del capítulo 10. Por ahora, consideremos la idea de que los apóstoles pueden ser probados en el Espíritu y demostrarse si son genuinos o no, y la importante base de esa prueba.

LAS SEÑALES DE UN APÓSTOL

Aunque no existe una piedra de toque física que pruebe a los apóstoles, es posible determinar si una persona es o no un apóstol genuino. Tal como la plata y el oro se conocen por sus cualidades naturales, los apóstoles pueden conocerse por sus virtudes espirituales. Ciertas cualidades que la Escritura apunta para indicar verdadero carácter y habilidad apostólica. Pablo mismo tuvo que referirse a ellas para confirmar su propio llamado e identidad ante la iglesia en Corinto. Con ello nos dejó una silueta de apostolado a la cual nos referimos en nuestra búsqueda de claridad:

> Con todo, las señales de apóstol han sido hechas entre vosotros en toda *paciencia*, por *señales*, *prodigios* y *milagros* (2 Cor. 12:12, énfasis mío).

La *Nueva Versión Internacional* de la Biblia ha traducido la frase que la Reina Valera interpreta como "señales de un apóstol" de manera que se lee "las marcas distintivas de un apóstol" (2 Corintios 12:12). Estas señales son literalmente muestras o indicaciones que marcan la presencia de un llamado y una gracia apostólica sobre una vida.

¡Cuáles son las señales de un apóstol? Pablo describe tres: paciencia, señales y prodigios y milagros. La paciencia se relaciona con el corazón y el carácter del apóstol, y las señales y maravillas tienen que ver más con los dones y las habilidades espirituales de esa persona. Cada una de ellas merece nuestra profunda atención. Trataremos la primera y más importante cualidad, la paciencia, en este capítulo. Señales, maravillas y prodigios poderosos son el tema del capítulo 12, "Los apóstoles y el poder sobrenatural".

LA MARCA DE LA PACIENCIA

Pablo habló de la "paciencia" como la primera señal de un apóstol.

Este es un concepto importante que debemos entender cuidadosamente. Primero, cuando consideramos las características de un
apóstol, es probable que nuestras mentes se llenen con imágenes
de predicación al perdido, levantar muertos, plantar iglesias y otras
demostraciones de poder espiritual. Tal vez no elijamos la paciencia
como una señal de verdadero apostolado. Pero las marcas del Nuevo
Testamento de un apóstol *comienzan* con esta para nada espectacular,
pero mucho más importante cualidad de carácter de la paciencia.

Desde la perspectiva de Dios, el carácter viene primero en el ministerio apostólico. Las señales, maravillas y poderosos prodigios tienen
de seguro su lugar, pero tener esas gracias y habilidades en operación
sin la presencia del carácter sería inútil tanto como dañino. Aunque
muchos hoy buscan confirmar sus ministerios apuntando a los milagros y a los prodigios poderosos, sabemos que Dios está mirando
sus corazones antes de dar su aprobación. Primera de Samuel 16:7
nos recuerda: "Porque Jehová no mira lo que mira el hombre, pues
el hombre mira lo que está delante de sus ojos, pero Jehová mira el
corazón". Jesús mismo recibió la aprobación total del Padre antes de
que ejecutara su primer milagro (ver Mateo 3:16,17). En el ministerio apostólico, el carácter es fundamental.

Recientemente tuve el placer de encontrarme con un gran hombre a quien no había visto por más de quince años. El doctor Costa
Deir es de Jerusalén, y ha pasado su vida viajando incansablemente
por las naciones del mundo como apóstol. Percibiendo la oportunidad divina, busqué su aporte para este libro. Le pregunté: "Costa, ¿a
quién ves en la escena mundial que dirías que muestra las marcas de
un verdadero apóstol?" Francamente, esperaba que me diera una respuesta rápida. Pero al contrario, levantó su cabeza y entrecerró sus
ojos, como en una profunda reflexión.

En su acento característico del Medio Oriente, respondió: "Tendría
que pensar realmente en eso antes de responder". Luego dejó caer la
bomba: "Perdóname, pero ustedes los estadounidenses siempre están
buscando las marcas externas del ministerio con el fin de hacer una
asociación rápida con un título. Pero el apostolado es primero una
cualidad interna. Los orientales miramos el carácter y las cosas dentro del individuo que definen lo que es".

En ese momento, supe que él me había dicho una verdad esencial
del apostolado que nunca olvidaré: El apostolado es un asunto de
carácter por encima de cualquier otra cualidad.

De las muchas posibles señales auténticas de un apóstol, la paciencia es sabiamente elegida por el Espíritu Santo como la primera

marca sobre la piedra de toque. La paciencia encarna el concepto de un carácter probado más que cualquier otra cualidad porque poseerla implica no sólo tener carácter, sino uno probado en la dificultad y durante un período de tiempo. Considera Romanos 5:3, 4, que nos enseña que "nos gloriamos en las tribulaciones, sabiendo que la tribulación produce paciencia; y la paciencia, prueba; y la prueba, esperanza". La paciencia es un sello que valida la autenticidad espiritual de una persona.

CÓMO ENTENDER LA PACIENCIA

¿Qué es la paciencia y por qué es tan esencial en el trabajo apostólico? Cuando pensamos en ella, primero podríamos pensar en esperar pacientemente para que un semáforo cambie a verde. El tipo de paciencia que los apóstoles observaron es algo totalmente diferente. La Biblia delinea la paciencia como permanecer persistente de cara a la oposición. Cuando un soldado está en lo más denso de la batalla, entre bombas enemigas y balas volando por todos lados, y se queda en su puesto en vez de ausentarse sin permiso, eso es paciencia. Cuando un centinela responsable de guardar algo de valor se para solo en la noche fría bajo la lluvia y el viento prevalecientes —sin moverse— eso es paciencia. La paciencia es permanecer anclado cuando todo alrededor se sale de control. Es cumplir el deber pese a todo.

Cuando el apóstol Pablo se enfrentó con la inminente pérdida de su vida, su testimonio a los ancianos efesios fue: "Pero de ninguna cosa hago caso, ni estimo preciosa mi vida para mí mismo, con tal que acabe mi carrera con gozo, y el ministerio que recibí del Señor Jesús, para dar testimonio del evangelio de la gracia de Dios" (Hechos 20:24). Las palabras de Pablo demuestran paciencia en el sentido bíblico.

La palabra griega en 2 Corintios 12:12 para paciencia es *hupomone*, que significa una resistencia alegre. Surge de una raíz que significa permanecer intacto bajo presión o dificultad. La virtud de la paciencia es sumamente apreciada a lo largo del Nuevo Testamento como una marca de la más alta integridad, calificada con otras características admirables como devoción, fe y amor (ver 1 Timoteo 6:11, 2 Timoteo 3:10, Tito 3:2). El autor de Hebreos ve la vida en Cristo como una carrera y nos anima a correrla y a finalizar victoriosos con este tipo de resistencia firme (ver Hebreos 12:1).

La paciencia requerida en los sufrimientos

La resistencia paciente en la vida de un apóstol es especialmente necesaria a la luz de la constante exposición de ese oficio a las dificultades y sufrimientos. ¿Qué tipo de sufrimiento va con el ministerio apostólico? Los apóstoles en el libro de los Hechos fueron amenazados, acusados falsamente, golpeados, apresados, apedreados y hasta decapitados. Por estas experiencias se regocijaron de ser dignos (ver Hechos 5:40-42). Cuando no estaban enfrentando muerte inmediata, tenían que viajar con los métodos más primitivos, encarar autoridades hostiles, defender su apostolado, pararse ante paganos poco amistosos y batallar con fuerzas demoníacas. Ellos se veían como esclavos virtuales de Cristo, resistiendo una vida de dificultades y sacrificio brutal (ver 1 Corintios 4:9-13).

A medida que les hablaba proféticamente a los apóstoles acerca de la tribulación de los últimos días, Jesús les advirtió que la cualidad de la paciencia sería necesaria. Ellos serían probados con gran persecución:

> Entonces os entregarán a tribulación, y os matarán, y seréis aborrecidos de todas las gentes por causa de mi nombre. Muchos tropezarán entonces, y se entregarán unos a otros, y unos a otros se aborrecerán. Y muchos falsos profetas se levantarán, y engañarán a muchos; y por haberse multiplicado la maldad, el amor de muchos se enfriará; mas el que persevere hasta el fin, éste será salvo (Mateo 24:9-13).

Los apóstoles sufrirán

La aflicción que Cristo vio que venía sobre la Iglesia, ocurriría en el contexto del ministerio apostólico. Aunque los apóstoles cumplían el ministerio de predicar el evangelio a todas las naciones, se desarrollaría la resistencia. Entregarse a esto exigía resistencia (ver v. 13). Los que carecieran de paciencia en esa época difícil caerían aparte, se traicionarían unos a otros y serían influenciados por los falsos profetas.

Esta no fue la única vez que Cristo llamó a sus discípulos a resistir. En Mateo 10:5-22, Cristo dibuja la misión apostólica de los Doce preparándolos para enviarlos al rebaño perdido de la casa de Israel. Él les ordena sanar al enfermo, limpiar al leproso, levantar al muerto y echar fuera demonios. Traza la manera en que debían operar. Y también les advierte que serán perseguidos, diciendo:

He aquí yo os envío como ovejas en medio de lobos; sed pues, prudentes como serpientes, y sencillos como palomas. Y guardaos de los hombres, porque os entregarán a los concilios, y en sus sinagogas os azotarán: y aun ante gobernadores y reyes seréis llevados por causa de mí, para testimonio a ellos y a los gentiles. Mas cuando os entreguen, no os preocupéis por cómo o qué hablaréis; porque en aquella hora os será dado lo que habéis de hablar. Porque no sois vosotros los que habláis, sino el Espíritu de vuestro Padre que habla en vosotros. El hermano entregará a la muerte al hermano, y el padre al hijo; y los hijos se levantarán contra los padres, y los harán morir. Y seréis aborrecidos de todos por causa de mi nombre; mas el que persevere hasta el fin; éste será salvo (Mateo 10:16-22).

Una vez más, la paciencia y la resistencia son clave para ser salvo en medio de las dificultades.

Las profecías de Cristo acerca de los sufrimientos de los apóstoles probaron ser precisas. Además de resistir las persecuciones más difíciles cuando estaban vivos, las afirmaciones tradicionales nos dicen que la mayoría de ellos murieron como mártires. Mateo falleció en Etiopía a espada. Marcos fue cruelmente arrastrado por las calles de Alejandría y expiró a causa de sus heridas. Lucas fue colgado por el cuello en Grecia. Pedro fue crucificado boca abajo en Roma. Santiago El Grande fue decapitado en Jerusalén. Santiago el Menor pereció después de ser arrojado desde un pináculo del templo y golpeado en la cabeza con un bastón de hierro. Bartolomé fue desollado vivo. Andrés fue crucificado. Tomás fue atravesado con una lanza en las Indias orientales. A Judas le arrojaron flechas hasta morir. Matías primero fue apedreado y luego decapitado. Bernabé fue apedreado. Pablo, el apóstol, encontró la muerte al ser decapitado en Roma por el sicópata Nerón. Sólo Juan escapó a la crueldad del martirio, aunque lo intentaron. Fue puesto en un caldero con aceite hirviendo, pero fue protegido milagrosamente. Más tarde desterrado a Patmos, fue liberado y murió por causas naturales.[1]

La paciencia del apóstol Pablo en el ministerio

La paciencia en el servicio apostólico de Jesús no era nada nuevo para Pablo, aunque él no era nombrado con los Doce. Encontró ataques espirituales, incomodidades naturales de todo tipo, persecuciones religiosas y finalmente el martirio, todo porque era un apóstol activo. Sus comprensiones acerca de la persecución y el martirio incluyen estas reconfortantes palabras:

> Pero si somos atribulados, es para vuestra consolación y salvación; o si somos consolados es para vuestra consolación y salvación, lo cual se opera en el sufrir las mismas aflicciones que nosotros también padecemos (2 Corintios 1:6).

Considera el catálogo de cualidades de carácter que demuestran la autoridad apostólica de Pablo en 2 Corintios 6:4-10, y nótese el punto y contrapunto entre la paciencia y el sufrimiento tejidos dentro de la tela de su ministerio:

> Antes bien, nos recomendamos en todo como ministros de Dios, en mucha paciencia, en tribulaciones, en necesidades, en angustias; en azotes, en cárceles, en tumultos, en trabajos, en desvelos, en ayunos; en pureza, en ciencia, en longanimidad, en bondad, en el Espíritu Santo, en amor sincero, en palabra de verdad, en poder de Dios, con armas de justicia a diestra y siniestra; por honra y por deshonra, por mala fama y por buena fama; como engañadores, pero veraces; como desconocidos, pero bien conocidos; como moribundos, pero he aquí vivimos; como castigados, mas no muertos; como entristecidos, mas siempre gozosos; como pobres, mas enriqueciendo a muchos; como no teniendo nada, mas poseyéndolo todo.

El apóstol Pablo detalla algunos de los sufrimientos que necesitan su propio ejercicio de resistencia firme. Enfrentó trabajos, palizas y encarcelamientos. Fue apedreado y golpeado. Además de las experiencias catastróficas citadas de 2 Corintios 6, encontró varios peligros más, incluso naufragios. Experimentó toda forma posible de dolor emocional, cansancio y agotamiento. Hambre y sed, frío y desnudez, e intenso interés por las iglesias que eran sus compañeras frecuentes. Pablo enfrentó presiones terribles, superiores a su habilidad de describirlas, y desesperado por su propia vida en ocasiones, pero se paró en su llamado sin vacilar (ver 2 Corintios 1:8-10, 11:23).

Cada una de esas experiencias serían suficiente para hacer que se retirara, pero los verdaderos apóstoles se distinguen por resistir firmes bajo la presión. Ese tipo de carácter mantiene al ministerio apostólico avanzando.

CÓMO PASAR LA PRUEBA

Sin duda, esta fue la misma cualidad de resistencia paciente que Pablo buscó en la vida de Juan Marcos. Cuando Pablo y Bernabé determinaron regresar a las ciudades donde habían predicado y confirmar a los discípulos y convertidos allí, Bernabé pensaba que Juan Marcos debía acompañarlos a Panfilia, presumiblemente a la expectativa de dificultades (ver Hechos 15:37-39). Él no podría o no estaría firme cuando la adversidad se le presentara. A Pablo debe haberle parecido que Juan Marcos era una persona que se rendía. Pablo también lo rechazó tan inflexiblemente como miembro del equipo que surgió una disputa entre él y Bernabé, que resultó en su separación. Pablo estaba adoptando una actitud firme con respecto al asunto del carácter, porque lo sentía con fuerza. No existe un conflicto más agudo en el Nuevo Testamento entre obreros compañeros como entre estos dos apóstoles.

¿Estaba Pablo excesivamente preocupado con la incapacidad de Juan Marcos para resistir? Debemos recordar cuán importante es la resistencia paciente en el ministerio apostólico. No se puede depender de los Juan Marcos más jóvenes en el Cuerpo de Cristo para que se paren firmes bajo presión y dificultad. Es demasiado fácil para ellos renunciar. La expectativa de dolor y sacrificio les hace que duden y se dobleguen. Un mayor desarrollo es necesario para que algún día puedan calificar, como lo hizo Juan Marcos, para pararse junto con los apóstoles (ver 2 Timoteo 4:11).

LA PIEDRA DE TOQUE DEL CARÁCTER

¿Cómo podemos determinar la autenticidad de un apóstol? Mucho antes que miremos el carisma, debemos examinar el carácter. Debemos golpear las piedras de toque de la paciencia contra el carácter para ver si la calidad y pureza requeridas para el ministerio apostólico están presentes. El ministerio y el sufrimiento apostólico están inseparablemente entrelazados y aquellos que responden al llamado apostólico deben estar listos para enfrentar la dificultad con maestría. Sin este ingrediente en su lugar, el apóstol (y el ministerio apostólico completo) no persistirá.

Dios está levantando apóstoles y pueblos apostólicos en esta hora que entiendan como perseverar pacientemente en el sufrimiento. Gente capaz de resistir la presión y de pagar el precio total por el ministerio apostólico. Ellos entienden que el llamado apostólico significará sacrificio y sufrimiento, pero su carácter es tal que lo abrazan con gozo porque en su piedra de toque tienen la marca más grande de todas: *la marca del precio del alto llamado de Dios* (ver Filipenses 3:14).

Notas

1. Paul Lee Tan, *Encyclopedia of 7700 Illustrations: Signs of the Times*, Assurance Publishers, Rockville, MD, 1979, pp. 333-334.

9
EL MOVIMIENTO DE LOS PADRES

DESDE ANTES QUE LA IGLESIA ESTUVIERA SATURADA DE DESTINO, en sus primeras décadas, viene una historia de afecto y fe que aún nos inspira e instruye. Y trata acerca de cómo Dios utiliza padres espirituales para transformar la historia tocando a gente joven que quiere ser cambiada. Es la historia de Pablo y su joven compañero, Timoteo.

La vida para Timoteo comenzó en Listra, una colonia romana en Galacia, localizada apenas al noreste de Tarsos y al sureste de Antioquía. Timoteo era un joven inseguro, tímido y, a veces, frágil. Su madre era una judía consagrada, su padre un nombrado gentil que quizás no nutrió el interés de Timoteo por las cosas de Dios. Dado que su padre tenía poca experiencia en asuntos religiosos, fueron unas mujeres consagradas las que figuraron prominentemente en la formación de la fe del joven. Esa influencia lo hizo *consciente de Dios*, pero parece que nunca llegó a estar *vivo en Dios* hasta que conoció a un hombre consagrado, uno que se convirtió en su padre, en una manera que Timoteo nunca había conocido.

Pablo llegó a Listra en pareja con el apóstol Bernabé, y juntos ministraron con poder apostólico y transformador de vidas. A través de ellos un hombre lisiado fue sanado un día y los habitantes de esa ciudad estaban tan sobrecogidos del asombro que cayeron a los pies de los apóstoles para adorarlos como dioses. Los judíos de Antioquía e Iconio rápidamente atizaron a las multitudes en contra de los dos predicadores, y Pablo fue rodeado, apedreado y dado por muerto.

Más tarde, Pablo regresó a Listra y animó a sus convertidos enfrentar la tribulación usando la fe. Poco sabía Timoteo, al oír aquellas palabras ese día, que necesitaría vivir por ellas a medida que experimentaba la emocionante y difícil vida viajando como apóstol. Cinco años después, Pablo regresaría otra vez y encontraría a Timoteo listo para comenzar su ministerio. Los dos hombres unidos, y un nuevo equipo, surgieron para cambiar al mundo.

Pablo era una fuerza dominante y positiva en la vida de Timoteo. Él guió a Timoteo a Cristo, aunque las semillas ya habían sido plantadas por su madre Eunice y su abuela Loida (ver 1 Timoteo 1:2; 2 Timoteo 1:5). Pablo lo introdujo en el ministerio activo llevándolo a un viaje apostólico que influenciaría su espíritu para siempre (ver Hechos 16:3). Juntos escribieron a las iglesias, predicaron, enseñaron a los convertidos, enfrentaron peligros y experimentaron un poderoso lazo de afecto. Pablo puso sus manos sobre Timoteo y habló vida acerca de él (ver 1 Timoteo 4:14). Todo lo que Pablo poseía fue derramado en Timoteo por el Espíritu Santo. Él era su padre en la fe (ver Filipenses 2:22).

La historia del amor de Pablo y cómo transformó a Timoteo viene a ser un estudio clásico de la significación de la paternidad espiritual. Ahora dirigimos nuestra atención a esta área, que es intrínseca al apostolado, y que figurará prominentemente en el movimiento apostólico emergente.

LA IMPORTANCIA DE LOS PADRES

Servir como padre es esencial para el éxito en todo nivel de la sociedad. Los sociólogos están confirmando que los padres no sólo juegan un papel indispensable en el hogar, sino también en la nación. Muchos de los problemas que encaramos en Estados Unidos actualmente—drogas, asistencia social, adolescentes embarazadas—, están directamente relacionados con la ausencia de padres a lo largo de varias décadas pasadas. La falta de padre es la tendencia más destructiva de nuestra generación. La ausencia de padre está ligada a la mayoría de las pesadillas sociales. Los científicos sociales han hecho conexiones similares entre la ausencia del padre y la posibilidad de que su hijo sea un marginado, desempleado, drogadicto, víctima suicida, mentalmente enfermo o blanco de abuso sexual infantil.[1] Cualquier hogar o nación carente de la presencia del padre está terriblemente debilitada.

¿Por qué? Porque los padres traen fortaleza y estabilidad a estos ambientes. Considera la familia, por ejemplo. Sin los padres es más probable que los niños crezcan indisciplinados e irresponsables, inconscientes de las consecuencias en la vida. Los padres traen un fuerte principio y una mano firme que capacita a la familia para alcanzar su potencial. Cuando viene la tormenta, los buenos padres afirman el barco con su sabiduría y experiencia. Ellos equilibran el sistema familiar. La fortaleza del padre brinda tremenda protección para el futuro y el destino final de la familia.

La ausencia de padre espiritual es una debilidad en el Cuerpo de Cristo hoy; un gran vacío ha sido creado por la escasez de paternidad consagrada. Como la sociedad, la Iglesia está plagada de problemas. Necesitamos el mismo tipo de disciplina y responsabilidad que el padre natural le brinda a la familia natural. Necesitamos sabiduría y madurez, una mano firme que nos guíe, balance para preservarnos y experiencia para confortarnos. El connotado pastor y autor Frank Damazio lamenta la crisis actual de la falta de padre que permea el Cuerpo de Cristo. "Los líderes jóvenes de hoy buscan con desesperación modelos que puedan imitar y admirar. Los líderes de hoy viven cuando los héroes tienen imperfecciones, fallan y sus sueños mueren. Cuando los sistemas religiosos son corruptos y el ministerio moderno no ofrece un modelo mentor, los líderes jóvenes pueden terminar por seguir modelos equivocados".[2] Sin padres espirituales, la Iglesia no puede lograr su destino final.

Predigo que en el derramamiento apostólico que viene se materializará una restauración de la paternidad espiritual, llenando este vacío y liberando un *movimiento de padres*. Dado que las mismas cualidades esenciales de la familia natural se necesitan en la familia de Dios, una nueva generación de padres espirituales será enlistada por el Espíritu Santo. Traerán su estabilidad y fortaleza no sólo al movimiento, sino también al Cuerpo de Cristo completo. El movimiento apostólico traerá padres espirituales a sus posiciones en la casa de Dios y ayudarán a proteger al movimiento de extremos y errores.

Antes de avanzar, quiero establecer que el uso que hago de los términos "padre" o "paternidad" no debe ser entendido como que significa que estoy excluyendo a las mujeres de los papeles vitales de mentoría en el movimiento apostólico. La vida de Timoteo, por ejemplo, fue profundamente afectada por su madre y su abuela (ver 2 Timoteo 1:5). He adoptado el motivo bíblico de los padres dado a que es muy prominente en la Escritura. Tanto hombres como mujeres harán una contribución significativa a este movimiento, cada uno en sus propias maneras. Los principios que comparto aquí pueden adaptarse al trabajo entre madres espirituales y sus hijos.

Los apóstoles como padres

¿Dónde obtendremos esos padres que se necesitan? Con otros ministerios (como el de pastor), el apóstol tomará el manto de un padre en y a través de este movimiento que viene. Una de las características más sorprendentes del ministerio de apóstol es la paternidad espiritual. Los apóstoles apadrinan facilitando el crecimiento y desarrollo de la familia de Dios tal como los padres naturales cuidan de las suyas.

Mira las palabras paternales del apóstol Pablo a la iglesia en Tesalónica:

> Ni buscamos gloria de los hombres; ni de vosotros, ni de otros, aunque podríamos seros carga como apóstoles de Cristo. Antes fuimos tiernos entre vosotros, como la nodriza que cuida con ternura a sus propios hijos. Tan grande es nuestro afecto por vosotros, que hubiéramos querido entregaros no sólo el evangelio de Dios, sino también nuestras propias vidas; porque habéis llegado a sernos muy queridos. Porque os acordáis, hermanos, de nuestro trabajo y fatiga; como trabajando de noche y de día, para no ser gravosos a ninguno de vosotros, os predicamos el evangelio de Dios. Vosotros sois testigos, y Dios también, de cuán santa, justa e irreprensiblemente nos comportamos con vosotros los creyentes; así como también sabéis de qué modo, como el padre a sus hijos, exhortábamos y consolábamos a cada uno de vosotros, y os encargábamos que anduvieses como es digno de Dios, que os llamó a su reino y gloria (1 Tesalonicenses 2:6-12, énfasis mío).

Tal como la veterotestamentaria familia de Dios tenía muchos patriarcas regios —honorables, sabios, fuertes—, así le está dando a la familia neotestamentaria padres espirituales en forma de apóstoles experimentados y de otros ministerios quíntuples. Dios está levantando otra generación de hombres patriarcas que poseen la clase de sabiduría, respeto y liderazgo necesario para guiar y supervisar a la familia de Dios en estos días insensatos de otra manera.

Por supuesto, no todo padre espiritual es apóstol. Muchos grandes pastores han ejercido el ministerio de la paternidad espiritual con excelencia, sin un llamado apostólico. Pero no podemos negar el hecho de que los apóstoles en la Biblia eran vistos únicamente como padres espirituales. Una abundancia de ideas está disponible para nosotros a medida que los vemos bajo esa luz.

RESTAURACIÓN DE LOS PADRES

Dios obra a través de los padres. Al final de esta era, cuando Dios trabajará como nunca antes, podemos esperar que use a los padres espirituales. En las palabras finales del Antiguo Testamento, un profeta único vio una gloriosa visión del mover del Espíritu de Dios del tiempo final:

> He aquí yo os envío el profeta Elías, antes que venga el día de Jehová, grande y terrible. Él hará volver el corazón de los padres hacia los hijos, y el corazón de los hijos hacia los padres, no sea que yo venga y hiera la tierra con maldición (Malaquías 4:5,6).

Estas relaciones de padre e hijo restauradas se reflejarán en las relaciones espirituales de padre e hijo en el reino. Dios restaurará esta importante posición a su familia para que el Cuerpo de Cristo reciba el amor, entrenamiento, provisión, reproducción e impartición que Él ha ordenado. ¡Las relaciones como la de Pablo y Timoteo en las Escrituras serán una realidad viva en la Iglesia otra vez!

Es emocionante considerar el efecto potencial de restaurar al padre espiritual dentro de la Iglesia. En un día cuando somos continuamente confrontados con los trágicos resultados de vidas que carecen de los beneficios de la paternidad, y donde la ausencia del padre es vista como la fuente de muchos problemas espirituales, restaurar la paternidad espiritual infundirá vida fresca y esperanza a la Iglesia.

CÓMO FUNCIONAN LOS PADRES

La paternidad es una habilidad que necesita enseñarse e impartirse copiosamente a medida que el movimiento apostólico se desarrolla. "El mundo tiene el servicio de miles de eruditos, pero la Iglesia todavía está clamando por el ministerio de los padres espirituales".[3] A pesar de su gran amor por el Señor y su deseo de ser productivos, muchos hombres espirituales todavía carecen de la habilidad de actuar como padres espirituales. El fracaso de la paternidad dentro de nuestra sociedad es una razón para esto. Si captamos algunas de las principales funciones de la paternidad y permitimos que operen dentro de la Iglesia, muchas vidas serán cambiadas por padres apostólicos concienzudamente adiestrados.

Por lo menos cinco similitudes entre el apóstol (o cualquier padre espiritual) y un padre natural abren nuestros ojos a la función de uno espiritual del Nuevo Testamento. Entender estas funciones no sólo nos ayudará a preparar el camino a los padres espirituales, sino que también nos ayudará a reconocerlos a medida que aparezcan.

1. Los padres demuestran amor

Paternidad y amor son conceptos inseparables en el plan de Dios. La relación de amor entre un padre y su hijo provee el ambiente ideal para entrenar y desarrollar el carácter y la vida del hijo. Sin amor, un hijo puede crecer, pero no florecer.

Los padres nutren a sus hijos, cuidándolos afectuosamente. Afirman a sus hijos y proveen la gentil seguridad de un indudable compromiso con su bienestar. Se dan a sí mismos a sus hijos, abriendo sus vidas como un libro de rara sabiduría para compartir con ellos. Un hombre que no pueda compartirse en amor puede ser un progenitor biológico, pero no un padre espiritual.

Pocas relaciones puede sobrepasar el amor que un padre tiene por su hijo. Este nivel de devoción se ve en la relación de Jacob con su hijo Benjamín. Tal como el corazón y la mente de Jacob, su vida misma, estaban involucrados en la existencia de su hijo Benjamín (ver Génesis 44:30), así la vida de cualquier padre devoto se junta con la vida de su hijo, corazón con corazón y alma con alma. Dios le pidió al padre Abraham que colocara a su hijo sobre el altar. Este requerimiento era una metáfora del propio corazón paterno de Dios hacia Abraham. Dios sabía que era una ilustración de amor con la que Abraham se podía identificar. El amor que Dios el Padre tiene por su Hijo, Jesucristo, es el ejemplo definitivo de la intensidad del amor que Dios ha ordenado entre padres e hijos (ver Juan 3:35, 5:20; 10:17).

Los apóstoles eran vasos llenos con inmenso amor. Los verdaderos apóstoles aman a sus hijos espirituales como lo hizo Pablo cuando dijo que "Tan grande es nuestro afecto por vosotros, que hubiéramos querido entregaros no sólo el evangelio de Dios, sino también nuestras propias vidas; porque habéis llegado a sernos muy queridos" (1 Tesalonicenses 2:8). Su mensaje a los Corintios fue igualmente apasionado cuando escribió: "No lo digo para condenaros; pues ya he dicho antes que estáis en nuestro corazón, para morir y para vivir juntamente" (2 Corintios 7:3).

Dick Iverson, que supervisa una gran red de iglesias, ha observado con elocuencia: "El apóstol no sólo establece 'un imperio de iglesias' sobre las cuales reina y de las cuales recibe gloria y honor. ¡Al contrario, la carga de todas las iglesias locales que Dios le da se convierte en un entrañable, intensamente emocional, sincero y apasionado ministerio vital a almas preciosas! Es una responsabilidad increíble. No es una transacción a distancia. El apóstol debe sentir cada latido, el pulso de la Iglesia, y estar en contacto con las vidas de su pueblo".[4]

¿Es importante esta dimensión de consagración? Sin el efecto paternal, el apóstol pudo convertirse en una influencia insoportable y opresiva en la Iglesia. Con esa calidad de amor sacrificial, su cuidado refleja el del Padre celestial, supervisando gente utilizando la sensibilidad y la destreza que lo hace un activo irremplazable.

2. Los padres entrenan y disciplinan

Esencial al empeño de levantar hijos maduros y bien articulados es el arte de entrenarlos. Los padres juegan una parte poderosa en este proceso, dirigiendo y guiando con firmeza a sus niños en actividades y actitudes que los prepararán para triunfar. Cualquier hombre puede embarazar a una mujer, pero hace falta un verdadero padre para criar a sus hijos e impartirles el entrenamiento y la preparación apropiados para la vida.

Los padres dirigen a sus hijos en caminos productivos. Jetro, el sabio suegro de Moisés, ofreció una clase de dirección a su sobresaturado yerno que lo preservó y protegió frente a responsabilidades abrumadoras (ver Éxodo 18:13-26). El consejo de José a Faraón fue tan eficaz que fue promovido al lugar de paternidad posicional sobre él (ver Génesis 45:8). Hasta los grandes hombres necesitan la dirección de un padre.

El verdadero padre acepta la responsabilidad por sus niños. El papel bíblico del padre es llevar a sus hijos a la madurez y la productividad: "Y vosotros, padres, no provoquéis a ira a vuestros hijos, sino criadlos en disciplina y amonestación del Señor" (Efesios 6:4). Esto es rara vez fácil y hasta puede ser poco placentero. Implica incontables confrontaciones entre el padre y su hijo para instruirlo, ajustarlo, corregirlo y disciplinarlo. El corazón del padre está comprometido a resistir cualquier cosa para desarrollar madurez en su descendencia.

El mismo Dios es un padre que disciplina y entrena a sus hijos. El escritor de Hebreos nos recuerda:

> Y habéis ya olvidado la exhortación que como a hijos se os dirige, diciendo: Hijo mío no menosprecies la disciplina del Señor, ni desmayes cuando eres reprendido por él; porque el Señor al que ama, disciplina, y azota a todo el que recibe por hijo. Si soportáis la disciplina, Dios os trata como a hijos; porque ¿qué hijo es aquel a quien el padre no disciplina? Pero si se os deja sin disciplina, de la cual todos han sido participantes, entonces sois bastardos, y no hijos. Por otra parte, tuvimos a nuestros padres terrenales que nos disciplinaban, y los venerábamos. ¿Por qué no obedecemos mucho mejor al Padre de los espíritus, y viviremos? Y aquellos, ciertamente por pocos días nos disciplinaban como a ellos les parecía, pero éste para lo que nos es provechoso, para que participemos de su santidad (Hebreos 12:5-10).

Tal como los padres naturales entrenan y disciplinan a sus hijos y como el Padre nos entrena y disciplina como sus hijos, así los apóstoles y otros padres espirituales deben entrenar y desarrollar a sus hijos para la madurez espiritual.

Como apóstol, Pablo sirvió de padre a muchos hijos (ver 1 Corintios 4:14). En varias ocasiones podemos observar su guía gentil, corrección firme e instrucción detallada con ellos. Él modeló el ministerio ante el pueblo de Dios. Demostró y explicó la verdad con la esperanza de influir en la gente como un padre espera impactar a sus hijos. Su meta como padre apostólico era presentar a cada uno bajo su cuidado ante Cristo, maduro y completo (ver Colosenses 1:28). Su ministerio se extendió más allá del de un maestro en el ámbito de un padre espiritual porque estaba comprometido con las responsabilidades de entrenar a sus hijos espirituales.

3. Los padres proveen

Otra tarea principal del padre es proveer para sus hijos. Proverbios 13:22 afirma que el buen hombre provee no sólo para sus hijos, sino para los hijos de sus hijos. Pablo escribió a los Corintios que planeaba proveer para sus propias necesidades materiales diciendo: "He aquí, por tercera vez estoy preparado para ir a vosotros; y no os seré gravoso, porque no busco lo vuestro, sino a vosotros, pues no deben atesorar los hijos para los padres, sino los padres para los hijos" (2 Corintios 12:14). Paternidad y provisión son inseparables.

"Proveer" significa sostener y enriquecer. El verdadero padre da todo lo que es necesario a sus hijos para mantener y mejorar sus porciones en la vida. El padre del pródigo quería tanto proveer para su hijo que estuvo dispuesto a darle su herencia temprano aunque eso significara que se iría de la casa (ver Lucas 15:12). Nuestro Padre celestial nos da todo buen regalo (ver Santiago 1:17), y por su gran amor por nosotros, sacrificó voluntariamente a su único Hijo (ver Juan 3:16).

¿Qué provee un padre espiritual para sus hijos espirituales? ¿Cuál es la herencia que deja? Un legado espiritual sólo puede venir de un padre espiritual para sus hijos espirituales. A medida que Elías ascendía en el carro de fuego, Eliseo recibió su manto, símbolo de su unción y su oficio profético, en medio de sus gritos de congoja: "¡Padre mío, Padre mío!" (2 Reyes 2:12). La herencia más valiosa que un padre espiritual puede dejar a su hijo es impartirle su propio impulso y habilidad espiritual. Los hombres como Pablo les dan a los jóvenes como Timoteo cosas mucho más que cualquier herencia terrenal. Les dejan legados celestiales de eficacia, unción y pasión por Dios.

4. Los padres reproducen

En el sentido más elemental, los padres naturales son hombres que contribuyen físicamente a crear nueva vida. Son hombres que se han reproducido biológicamente.

Los apóstoles se consideran padres porque crean y establecen cosas. Ejercitan los poderes de la reproducción espiritual plantando iglesias y creando ministerios doquiera que van. Dan vida espiritual a los nuevos hijos en la fe convirtiéndose en los vasos a través de los cuales estos entran en el nuevo nacimiento. Y continúan sus ministerios como padres levantando y reproduciendo sus propios ministerios dentro de tales vidas. Los apóstoles son padres espirituales con habilidades reproductivas. Como padres espirituales, llevan la semilla de la próxima generación dentro de sus vidas. Ellos propagan y poblan el reino de Dios mediante sus ministerios. Esa es la razón por la que este ministerio de duplicación dentro de los padres espirituales es esencial para la vida y la vitalidad de la Iglesia, y es otra razón por la que se necesitan apóstoles de manera tan desesperada en la actualidad.

5. Los padres bendicen e imparten

De todas las funciones de la paternidad, las bendiciones espirituales y la supervisión de la familia pueden ser las más olvidadas e incumplidas en nuestros días. Muchos padres entienden bien cómo amar, proveer para, y entrenar a, sus hijos; pero otros carecen de la habilidad de los patriarcas del Antiguo Testamento y de los grandes padres apostólicos de la Iglesia Primitiva bien ejercitados: impartir bendiciones espirituales.

Considera las intensas historias de los patriarcas y profetas de la Biblia cuando las enseñaban a sus hijos. En la historia de Jacob y Esaú, Jacob codició tanto la bendición de su padre que engañó al viejo Isaac para que se la diera a él en vez de a Esaú. ¡Qué preciosa era esa bendición, y cuán desesperadamente la buscó Esaú después de todo! Es asombroso considerar que ambos buscaban con desesperación la bendición de su padre, aunque eran hombre totalmente maduros.

Más tarde, Jacob pondría sus manos sobre los hijos de su hijo José y los bendeciría. Jesús también impuso sus manos sobre los niños, reconociendo que los hijos pequeños necesitan ser tocados y bendecidos (ver Marcos 10:16). Aunque los padres hoy rara vez practican bendecir a sus hijos, debemos entender el poder implicado en ello a medida que ministramos tanto a nuestros hijos naturales como espirituales.

El Nuevo Testamento tiene mucho que decir acerca de la importancia de la bendición del padre. El apóstol Pablo ilustra a Dios el Padre bendiciéndonos como a sus hijos con toda bendición espiritual a través de nuestra relación con Cristo (ver Efesios 1:3). La bendición de Jacob a los hijos de José se convierte en una imagen de fe para el creyente (Hebreos 11:21). Como padres a sus hijos espirituales, los apóstoles que escribieron las Escrituras tuvieron cuidado de abrir y cerrar sus cartas impartiendo una bendición espiritual a sus lectores. El apóstol Pablo puso sus manos sobre su hijo espiritual Timoteo y fue utilizado para impartirle dones y bendiciones, de los que este sería responsable de utilizar (ver 2 Timoteo 1:6).

Los padres apostólicos tienen la habilidad de impartir bendiciones a sus hijos en la fe. Esta transferencia de vida divina es una de las responsabilidades más asombrosas de un padre espiritual. Hablando en base a la experiencia, puedo decir que esta es una de las más grandes que cualquier hijo espiritual puede tener.

Dimensiones de la paternidad espiritual

La paternidad es un proceso complejo que incluye varias aplicaciones potencialmente significativas en la Iglesia. ¿Cómo operarán exactamente los padres espirituales en el movimiento apostólico emergente? ¿Qué parte jugarán en esta visitación?

Los padres espirituales ejercitarán sus ministerios en dos dimensiones principales: corporal e individual. En cada una de estas, la Iglesia necesita luz.

1. Los padres sobre la casa del Señor

El primer nivel de autoridad es corporativo, es cuando el apóstol encabeza un grupo de personas o ministerios que se relacionan con él como un padre. A este grupo de personas se puede referir de manera figurada como una "casa" o "tribu". Las iglesias locales sobre las que Pablo tenía supervisión apostólica, por ejemplo, lo veían como su padre espiritual (ver 1 Corintios 9:2). Aunque no todos en esas iglesias estuvieran muy al corriente de Pablo, aun así les era enviado como padre espiritual. El mensaje y el tono de su carta a esas iglesias sugiere que Pablo entendía eso: "Porque aunque tengáis diez mil ayos en Cristo, no tendréis muchos padres; pues en Cristo Jesús yo os engendré por medio del evangelio" (1 Corintios 4:15). Este tipo de supervisión apostólica puede hallarse en muchos lugares hoy y se multiplicará en el movimiento apostólico emergente.

Esta dimensión se ve como una sombra en el Antiguo Testamento cuando los patriarcas eran colocados sobre casas y tribus. En estas, el intercambio completo de autoridad, herencias, relaciones y recursos era arreglado de acuerdo a las familias.

El pueblo de Dios siempre ha sido manejado y dirigido en casas de autoridad espiritual, guiados por las figuras de los padres. Abraham fue patriarca de una casa de miles cuya fe todavía nos habla hoy (Génesis 17:5). Tanto que se convirtió en un modelo para todos los creyentes, y es considerado el padre de nuestra fe. Isaac, su hijo, se convirtió en patriarca y dio vida a Jacob, cuyos hijos sirvieron de padre a las doce tribus, o casas, de Israel. Moisés ciertamente se convirtió en una figura paterna para la casa de Israel a medida que vagaba por el desierto. Toda la narrativa del Antiguo Testamento se construye alrededor de estas casas y familias del linaje de Cristo y de los tratos de Dios con ellas. De la misma manera, a medida que Dios continúa volviendo el corazón de los padres y de los hijos contra el otro en esta hora de derramamiento, veremos a los patriarcas del Nuevo Testamento cuidando a las diferentes familias espirituales en forma de padres espirituales.

El Nuevo Testamento está lleno de un lenguaje que describe las tribus y casas espirituales dentro de la familia de Dios. El apóstol Santiago se refiere a los santos como "las doce tribus que están en la dispersión" (1:1). Jesús mismo apunta a los líderes sobre las casas espirituales en la poderosa ilustración de los dos siervos (ver Mateo 24:45,46; Lucas 12:41-48). La enseñanza ilustra al Señor en su segunda venida, cuando desea encontrar líderes espirituales fieles y sabios rigiendo sus "casas". Aquí están repartiendo "alimento a tiempo" o provisiones espirituales puras y a tiempo para aquellos que están bajo su cuidado. Cristo se opone a los hombres malvados que utilizan mal sus posiciones y abusan de sus casas. Gálatas 6:10 se refiere directamente al Cuerpo de Cristo como la "casa de fe", y Efesios 2:19 se refiere a la Iglesia como "la casa de Dios". El reino espiritual de Satanás también es descrito como una casa gobernada por una cabeza de familia (ver Mateo 10;25; 12:25, 29, 44).

En un sentido real, cualquier fraternidad de creyentes o iglesias parece una tribu familiar o una casa del Antiguo Testamento. Cada tribu tenía una cabeza patriarcal que compartía su identidad y personalidad con la tribu. Muchos de los patriarcas regían con la ayuda de ancianos, y llevaban a cabo propósitos únicos para su tribu, pero normalmente en armonía con las otras tribus que integraban la nación. La casa completa buscaba la figura del padre por entendimiento, dirección y abrigo. Estas mismas dinámicas existen en las saludables iglesias del Nuevo Testamento, como la Abbott Loop Christian Fellowship con base en Ancorage, Alaska. Dick Benjamín, el supervisor, se refiere a su red como una "familia de iglesias" que patrocina una conferencia anual referida como una "reunión familiar".[5] Esto refleja la seguridad y cercanía que Dios provee a su pueblo a medida que "hace habitar en familia a los desamparados" (Salmo 68:6).

Los padres apostólicos del Nuevo Testamento gobernaron sus casas eclesiales utilizando un modo paternal. La segunda carta del apóstol Pablo a la iglesia de Corinto incluye las correcciones, consolaciones y regaños de un padre responsable de la casa. Ambos apóstoles Juan y Pablo se referían a sus lectores como "hijitos míos" (Gálatas 4:19, 1 Juan 2:1; 3:18).

Dios ha ordenado que iglesias y fraternidades ministeriales sean guiadas por hombres con corazón de padre. Ellos guiarán en acuerdo con pastores y ancianos y determinarán la identidad y el sabor únicos del grupo. El conglomerado de todas estas tribus forma la nación espiritual de la Iglesia. Se dirá más acerca de esto a medida que examinemos los modelos de autoridad evidentes en las estructuras apostólicas. Por ahora es suficiente captar el concepto de casas figuradas, tribus y patriarcas en relación al ministerio apostólico.

2. Padres sobre hijos en el evangelio

Ya hemos aludido a la segunda dimensión en la que los padres fluirán en la corriente apostólica que se aproxima. Este es un reino en el que el padre espiritual se relaciona con su hijo o hija espiritual. Este tipo de paternidad ocurre a un nivel íntimo e individual más que en uno corporativo; esta es la dimensión de la mentoría.

Un renovado interés está ocurriendo en cuanto a la mentoría dado que es esencial en el desarrollo humano. En el movimiento apostólico, este nivel no puede pasarse por alto. Es la clave para desarrollar los muchos miles de apóstoles que Dios está llamando en esta hora.

A este respecto, el término bíblico "engendrar" viene a ser importante. La Escritura está llena de pasajes que describen líneas familiares, registros de quién engendra a quien. La palabra engendrar habla de hacer convertirse en, lo cual es distinto a simplemente dar vida. Aunque el importante e irremplazable papel de las madres no debería ser minimizado, es interesante notar que ellas no engendran. En la Escritura, es el padre quien hace que sus hijos se conviertan en algo. Este es otro aspecto del poder de la paternidad. Es la esencia de ser padre espiritual de un hijo o hija en los evangelios. El padre espiritual engendra, causando que su hijo o hija espiritual *se convierta* en algo en Dios. Esto intensifica nuestra apreciación de Jesús como el "unigénito" de su Padre (Juan 1:14, 18: 3:16, 18).

La relación entre padre e hijo debe ser protegida y valorada. Éxodo 20:12 nos ordena honrar a nuestros padres para que nuestras vidas sean largas. El padre tiene un efecto preservador sobre el hijo espiritual. La ley del Antiguo Testamento previó que si un hijo golpeaba o maldecía a su padre, sería muerto. La muerte comienza a obrar en cualquier hijo o hija que rechaza a un padre, natural o espiritual. Siempre hay resultados trágicos cuando se interrumpe la relación entre padre e hijo. Como los hijos que se crían a sí mismos, el hijo espiritual separado puede convertirse en una persona ruda, descortés y egoísta.

Un poderoso hijo levantado

Como hemos visto, Pablo consideraba a Timoteo su querido hijo en la fe. Le sirvió de padre en la fe y lo asesoró en el ministerio. ¿Dio fruto la inversión de Pablo en el joven Timoteo?

A través del poder de la paternidad espiritual, nació un agente de cambio en el mundo. El afecto de Pablo movió a Timoteo desde el punto de la preparación hasta el de la madurez, desde la infancia espiritual a la adultez espiritual. La tradición nos dice que después de la muerte de Pablo, el una vez tímido Timoteo se convirtió en el supervisor distinguido de la gran iglesia apostólica en Éfeso y un prominente padre espiritual en sí mismo. Una vez el simple seguidor joven, Timoteo, se convirtió en líder de muchos seguidores. El legado apostolar continuará debido a la paternidad espiritual.

El apóstol es un padre, y en el movimiento apostólico emergente surgirán más padres espirituales. Ellos ejercitarán el amor, la disciplina, la provisión, la reproducción y la bendición en la casa del Señor con sus hijos en el evangelio. Una generación entera de modernos Timoteos listos será asesorada y liberada para cambiar al mundo. Las casas de fe crecerán a tribus poderosas; hijos en la fe se convertirán en hombres del Espíritu, y el ministerio se multiplicará con fuerza cuántica. A medida que lo haga, las maldiciones se romperán y el evangelio penetrará los corazones de los hombres. El pueblo de Dios crecerá y madurará como nunca antes, y el Reino de Dios florecerá porque este movimiento es de los padres.

Notas

1. Joseph P. Shapiro, Joannie M. Schorf, Mike Tharp y Dorian Friedman, "Honor Thy Children", *U.S. News y World Report*, febrero 27, 1995, p. 39.
2. Frank Damazio, *The Vanguard Leader*, Bible Temple, Portland, OR, 1994, p. 17.
3. Frank Damazio, *The Making of a Leader Bible Temple*, Portland, OR, 1980, p. 56.
4. Christian Equippers International, *The Master Builder*, 1985, p. 77.
5. Ibíd., p. 179.

10

FALSOS APÓSTOLES

PARA LOS APÓSTOLES, LOS DÍAS QUE SIGUIERON A LA RESURRECCIÓN de Jesús estuvieron marcados tanto por la emoción como por la crisis. Ninguno de ellos esperaba totalmente que Cristo resucitara de los muertos. Lo habían escuchado hablar de ello, pero la agonía del Calvario fue tal que parecía que sus esperanzas fueron desesperadamente rotas. ¿Cómo podría recuperarse Jesús de la cruz y de la tumba? Cuando descubrieron que se había levantado, gozo y alivio inimaginables inundaron sus corazones. ¡A medida que Cristo ascendía al Padre, ellos se prepararon para decirle al mundo las buenas noticias!

La intensa emoción de los apóstoles con el Cristo resucitado fue sin duda suavizada por el recuerdo del apóstol caído, Judas Iscariote. Este hombre, que había sido enumerado con los apóstoles, entregó fríamente a Cristo en manos de sus opresores. El dolor de Judas fue inmediato e insoportable; se colgó y se lanzó a una muerte violenta en un charco de sangre. Su suicidio fue tan trágico como su traición, y los recuerdos dolorosos de esa escena obsesionaban a aquellos hombres.

Más tarde, a medida que los apóstoles y los seguidores se reunían en el aposento alto en Jerusalén, Pedro sintió la preocupación que los dominaba a todos. ¿Cómo podrían quedarse y orar por la venida del Espíritu Santo con este incidente aún en sus mentes? Tenían preguntas que les roían la mente: *¿Cómo pudieron ser engañados? ¿Judas siempre había sido un falso? Si era así, ¿por qué Cristo lo escogió? ¿Cómo podía caer un apóstol?* Ellos trataban de darle algún sentido a todo eso.

Además, Jesús había señalado a los doce apóstoles, pero desde la muerte de Judas Iscariote, sólo quedaban once para hacer el trabajo. ¿Qué había que hacer? Finalmente, Pedro se levantó para dirigirse al sombrío grupo. Y citó los salmos que proféticamente predecían la penalidad del pecado de Judas: "Sea su palacio asolado; en sus tiendas no haya morador" (Salmo 69:25); "Sean sus días pocos; tome otro su oficio" (109:8). Una maldición estaba sobre Judas según la Palabra del Señor, y no era para condolerse. Su oficio debía ser asignado a otro.

Los apóstoles avanzarían. El décimo segundo oficio permanecería y otro hombre sería seleccionado para llenarlo. Sería un testigo más de la resurrección, parándose con los apóstoles y completando el número que Cristo había ordenado. Después de orar, Matías fue seleccionado, y una era brillante empezó a amanecer para los apóstoles. El viento se apuró, el fuego cayó y la Iglesia dio su primer respiro.

No podemos dirigir lo que es un apóstol sin considerar el trabajo del falso apóstol. En este capítulo observaremos la obra del falso apóstol, la doctrina, las tácticas y la composición, basados en una amplia variedad de Escrituras.

Un contramovimiento de falsos apóstoles

Puesto que el verdadero movimiento apostólico será un derramamiento glorioso y genuino del poder de Dios sobre la tierra, no escapará a los intentos del enemigo de falsificarlo. Frank Damazio ha señalado correctamente que "cada generación tiene su propia cuota de impostores insidiosos que pretender saber cómo construir iglesias pero que en efecto las debilitan".[1] Mientras la actividad de los apóstoles auténticos aumenta, Satanás procura infectar este movimiento con un contramovimiento de engañadores que proclaman un apostolado verdadero, pero no son enviados por Dios. Los Judas Iscariotes modernos, impulsados por espíritus malévolos, intentarán mezclarse con los verdaderos apóstoles en un intento por traer ruina.

El objetivo principal de Satanás a través de estos falsos apóstoles será triple: *diluir, ensuciar* y *desacreditar* al apóstol y al movimiento apostólico. Muchos serán hechizados para rechazar a los verdaderos apóstoles por causa de las inevitables fallas de los falsos apóstoles. Las críticas del ministerio apostólico probablemente apuntarán a los problemas de los falsos apóstoles en un intento de acabar con la validez de la actividad apostólica. Este esfuerzo bien podría convertirse en la amenaza más grande al éxito del movimiento apostólico.

Es esencial que el contramovimiento del enemigo contra el movimiento apostólico sea anticipado adecuadamente y tratado de acuerdo a la Escritura. Las líneas de batalla del ministerio apostólico serán trazadas, muchas estarán en juego.

Las críticas a los apóstoles y al movimiento apostólico estarán listas para señalar los extremos de los falsos apóstoles y así desacreditar todo el movimiento apostólico. Discernir la gente que verdaderamente desea un mover genuino de Dios sobre la tierra, sin embargo, mirará más allá de falsificaciones al genuino y verá la realidad de lo que Dios está haciendo. A este respecto, la verdad es ingrediente esencial. Armados con el entendimiento claro de la diferencia entre verdaderos y falsos apóstoles, nos pararemos al calor del conflicto que viene sin convertirnos en víctimas.

¿QUÉ ES UN FALSO APÓSTOL?

Mas lo que hago, lo haré aún, para quitar la ocasión a aquellos que la desean, a fin de que en aquello en que se glorían, sean hallados semejantes a nosotros. Porque estos son *falsos apóstoles*, obreros fraudulentos, *que se disfrazan como apóstoles de Cristo*. Y no es maravilla, porque el mismo Satanás se disfraza como ángel de luz. Así que, no es extraño si también sus ministros se disfrazan como ministros de justicia; cuyo fin será conforme a sus obras (2 Corintios 11:12-15, énfasis mío).

El término griego para "falsos apóstoles" aquí es *pseudapostolos*, que significa aquellos que se enmascaran como apóstoles, pero no lo son. Esta palabra aparece solo una vez en la Escritura.

Habla de impostores cuyo motivo es ganar mediante engaño, y Pablo parece querer reducir nuestra impresión a su existencia. En efecto, dice: "No se sorprendan si Satanás envía impostores que lucen genuinos". Los falsos apóstoles, entonces, son intentos del infierno por imitar a un apóstol verdadero con propósitos destructivos.

Pabló habló contra aquellos que se jactaban falsamente de su apostolado. Los identificó como falsos apóstoles llamando la atención ante sus motivaciones de ganancias financieras. Para destacar la diferencia entre él mismo y los falsos apóstoles, se rehusó a aceptar finanzas de los corintios por un tiempo con el fin de demostrar su superioridad sobre aquellos que toman dinero so pretexto del apostolado.

Pablo también los llamó "obreros engañosos", revelando sus habilidades para el engaño. Evidentemente la atracción del dinero incitó a esos hombres con máscaras de ministros.

EL PROBLEMA MÁS AMPLIO
DEL FALSO MINISTERIO

Cuando discutimos sobre falsos apóstoles, en realidad tratamos con el tema más amplio de falsos ministerios de todo tipo. El falso liderazgo es un problema tratado a lo largo de todas las Escrituras. Los falsos ministros de Faraón batallaron con los verdaderos siervos de Dios Moisés y Aarón, y fueron capaces de imitar muchos de sus milagros y demostraciones de poder espiritual. El nombre Balaam es sinónimo de ministro manchado y motivado por el dinero. Los profetas del Antiguo Testamento censuraron a los falsos sacerdotes y pastores de sus días. Pablo es particularmente estridente en sus ataques contra los falsos ministros en el Antiguo Testamento.

Es esencial que reconozcamos la fuente de todo falso ministerio como el mismo Satanás. Pablo dijo: "Y no es maravilla, porque el mismo Satanás se disfraza como ángel de luz" (v. 14). En esta declaración, Pablo vincula el trabajo de los falsos profetas con algo más que el mero error: lo vincula al infierno mismo. Este hecho debe guiar a la Iglesia en su respuesta a los falsos apóstoles hoy.

Dios ha provisto con gracia a la Iglesia y mediante dones ministeriales en forma de verdaderos apóstoles, profetas, evangelistas, pastores y maestros. Observa otra vez su propósito como lo declara Pablo:

> Y él mismo constituyó a unos apóstoles; a otros, profetas; a otros, evangelistas; a otros, pastores y maestros, a fin de perfeccionar a los santos para la obra del ministerio, para la edificación del cuerpo de Cristo, hasta que todos lleguemos a la unidad de la fe y del conocimiento del Hijo de Dios, a un varón perfecto, a la medida de la estatura de la plenitud de Cristo (Efesios 4:11-13).

Entonces nota el siguiente verso y compáralo con lo que él ya declaró:

Para que ya no seamos niños fluctuantes, llevados por doquiera de todo viento de doctrina, *por estratagema de hombres que para engañar emplean las artimañas del error* (v. 14, énfasis mío).

Los impostores siempre rodearán al ministerio quíntuplo. Pablo habla de verdaderos ministros e inmediatamente se refiere a su oposición al falso. Estamos siendo equipados para que no caigamos presa de los falsos ministros que están siempre merodeando alrededor del Cuerpo de Cristo, buscando atacar y hacer daño.

FALSOS DONES MINISTERIALES DE SATANÁS

Para cada bendición que Dios creó, Satanás presenta una falsificación. Los dones ministeriales de Efesios 4:11 no son la excepción y en este contexto debemos entender a los falsos apóstoles. Puesto que Cristo le ha dado a la Iglesia el apóstol, el profeta, evangelista, el pastor y el maestro, Satanás (como un *falso Cristo*, ver 2 Corintios 11:4) ha creado cinco imitaciones crudas y peligrosas:

1. Jesús nos advirtió de los *falsos profetas* que aparecerían vestidos de ovejas, pero que interiormente eran lobos rapaces (ver Mateo 7:15).
2. Jesús habló de *falsos pastores* que vendrían a matar, robar y destruir como asalariados. Ellos fracasarían en proteger al rebaño y en su lugar lo esparcirían y lo abandonarían (ver Juan 10:10-13).
3. Los apóstoles Pablo y Pedro advirtieron acerca de la existencia de *falsos maestros* que divulgarían fábulas y herejías para traer destrucción rápida al pueblo de Dios (ver 2 Timoteo 4:3,4; 2 Pedro 2:1).
4. Es claro que los *falsos evangelistas* pueden identificarse como aquellos que extienden un falso evangelio (ver Gálatas 1:9).
5. Jesús habló al ángel de la iglesia en Éfeso (a quien Pablo escribió acerca de los verdaderos dones ministeriales) respecto a los *falsos apóstoles*, hombres mentirosos que proclaman apostolado aunque no fueron enviados por Dios (ver Apocalipsis 2:2).

La naturaleza falsificada de estos hombres puede fluir desde una o dos fuentes corruptas. Algunos falsos apóstoles lo son porque son apóstatas, es decir, han caído de una fe que una vez fue legítima (ver 2 Tesalonicenses 2:3). Como Judas comienzan con una experiencia verdadera con Dios pero, debido a debilidades internas, se alejan de Cristo a una vida marcada por el error. La conexión de las palabras "apóstol" (uno que es enviado) y "apóstata" (uno que es caído) es interesante a este respecto. Podemos asumir que algunos falsos apóstoles son impostores totales que *nunca* tuvieron una experiencia con Cristo. En cualquier caso, son vistos como personas engañosas y peligrosas animadas por el diablo para perjudicar a la gente.

Días de engaño

Este tipo de falso ministerio es un problema que aumenta en el mundo hoy. La gente todavía se estremece con el recuerdo del trágico fruto del falso ministerio de Jim Jones y el Templo del Pueblo, o el complejo de David Koresh en Waco, Texas. Cada vez más, el fenómeno de la Nueva Era está juntándose con estudiosos erráticos de cristianismo que mezclan la Biblia con la psicología y la filosofía oculta para engendrar un ministerio falso. El engaño parece agresivo y la fe de muchas personas está titubeando. Esto es exactamente lo que Cristo predijo que ocurriría en los últimos días:

"Mirad que nadie os engañe. Porque vendrán muchos en mi nombre, diciendo: Yo soy el Cristo; y a muchos engañarán. Y oiréis de guerras y rumores de guerras; mirad que no os turbéis, porque es necesario que todo esto acontezca: pero aún no es el fin. Porque se levantará nación contra nación y reino contra reino; y habrá pestes, y hambres, y terremotos en diferentes lugares. Y todo esto será principio de dolores. Entonces os entregarán a tribulación, y os matarán, y seréis aborrecidos de todas las gentes por causa de mi nombre. Muchos tropezarán entonces y se entregarán unos a otros, y unos a otros se aborrecerán. Y muchos falsos profetas se levantarán, y engañarán a muchos; y por haberse multiplicado la maldad, el amor de muchos se enfriará. Mas el que persevere hasta el fin, éste será salvo. Y será predicado este evangelio del reino en todo el mundo, para testimonio a todas las naciones; y entonces vendrá el fin" (Mateo 24:4-14).

Aunque los efectos del falso ministerio son horribles, estamos seguros del triunfo final de la Iglesia. El evangelio del Reino será predicado alrededor del mundo, ¡y la cosecha será recogida!

Todo falso ministerio tiene raíces comunes, así que examinaremos los falsos apóstoles dentro del ámbito de los falsos ministros en general. Toda Escritura que examinemos describirá uno u otro aspecto del falso ministerio, y por extensión, los falsos apóstoles en particular. Comenzaremos analizando lo que está en el corazón del falso apostolado.

FUERZAS QUE OPERAN EN LO PROFUNDO DEL FALSO APÓSTOL

¿Cómo llega un Judas a ser traicionero? Para que cualquier hombre llegue a este horrible engaño, algunas dinámicas oscuras deben operar en lo profundo de él. Tal como los relojes falsificados, que se venden en las aceras, pueden lucir como ejemplares suizos caros —aunque en el interior son baratos y poco confiables—, el trabajo interior de los falsos apóstoles revela la verdadera historia. Dentro del corazón de cada apóstol falso, obran algunas fuerzas verdaderamente perturbadoras.

Podríamos imaginar una variedad de razones por las que los falsos apóstoles hacen su mal papel, pero sólo dos motivos principales se mencionan en la Escritura. A diferencia de mucha de la psicología moderna, la Biblia no excusa la conducta pervertida con el descubrimiento de algún trauma infantil o deficiencia ambiental. Los falsos apóstoles participan en sus prácticas malvadas sea por *amor al dinero* (ver Tito 1:11; Apocalipsis 2:14; 2 Pedro 2:1-3) o por *pecado de orgullo* (ver 1 Timoteo 6:4,5).

Que el dinero sea la raíz de esta maldad no sorprende. Parece que Judas mismo estaba afectado por ese poder. Las grandes ganancias pueden provenir de los regalos de gente ingenua a quienes se les dice que están dándole a Dios. A través de la manipulación, control y prácticas engañosas, los falsos apóstoles pueden explotar los profundos recursos a su alcance.

El motivo del orgullo afectó al mismo Lucifer (ver Isaías 14:12-15) y resultó en su transformación espantosa; es también la base de toda su actividad en el presente. Duda, división y engaño son los subproductos de un corazón lleno con un deseo de ganar y una pasión orgullosa por el poder.

Apóstoles, dinero e integridad

Discutir acerca del amor al dinero como motivación de los falsos apóstoles nos lleva a considerar la pregunta: *¿Cuál es la actitud de un verdadero apóstol hacia el dinero?* Primero, puede parecer una pregunta trivial, pero la Biblia pone gran énfasis en manejar el dinero de manera apropiada, especialmente cuando se trata del ministerio. Jesús indicó que el dinero brinda una excelente reflexión del motivo interno verdadero de una persona, diciendo: "Porque donde esté tu tesoro, allí estará tu corazón" (Lucas 12:34). La manera en que una persona maneje el dinero indica la condición de su corazón.

El asunto es la integridad. Esta es la cualidad que alinea la conducta con lo que es moralmente correcto, integrando la creencia verdadera con la acción adecuada. Los falsos apóstoles no tienen integridad, por lo que su actitud hacia el dinero es corrupta. Toda vez que a alguien se le puede confiar dinero y camina en integridad financiera, se puede confiar en esa persona con las riquezas espirituales del reino. Jesús declaró: "Pues si en las riquezas injustas no fuisteis fieles, ¿quién os confiará lo verdadero? Y si en lo ajeno no fuisteis fieles, ¿quién os dará lo que es vuestro?" (Lucas 16:11,12). La integridad, como reflejo de la rectitud de una persona con respecto al dinero, es un sondeo entre el falso y el verdadero apóstol.

Los apóstoles verdaderos tienen la integridad operando en sus vidas, lo que se expresa en sus actitudes y conductas adecuadas hacia el dinero. Cuando los primeros cristianos vendieron sus casas y sus tierras, y colocaron los ahorros de sus vidas a los pies de los apóstoles, no tenían razón para temer ninguna indecencia. El dinero sería utilizado correctamente (ver Hechos 4:35-37). Un falso apóstol, sin embargo, habría manejado mal el dinero. Cuando Simón el mago intentó sobornar a los apóstoles para que le dieran el poder del Espíritu Santo, Pedro lo reprendió agudamente por sus acciones, discerniendo su motivo amargo y su corazón oscurecido. El apóstol verdadero tiene la integridad de Pablo con respecto al dinero, que fue capaz de reportar a los ancianos efesios: "Ni plata ni oro ni vestido de nadie he codiciado" (Hechos 20:33).

La visitación apostólica que viene será una verdadera visitación del poder de Dios fluyendo a través de personas que son diáfanas cuando se trata de dinero. No se puede permitir a la generación de Judas que corrompan esta corriente con sus falsos ministros. Las prácticas de tergiversar la Escritura por ganancia financiera, ofertas de alta presión, estilos de vida lujosos y falta de responsabilidad financiera no tienen lugar en este movimiento. Debemos aprender a reconocer y derrotar el espíritu de Balaam antes de que pueda infiltrarse en lo que Dios ha ordenado que sea puro.

CÓMO IDENTIFICAR A UN APÓSTOL FALSO

¿Cómo puedes reconocer a los Judas de los días modernos? Lamentablemente, parecen verdaderos apóstoles en alto grado. Satanás ha formado astutamente a estos impostores con parecidos muy cercanos. Como cualquier falsificación, si sabemos qué buscar, pueden ser detectados. Los falsos apóstoles están marcados siempre por *falsas personalidades, falsas prácticas* y *falsas proclamaciones*.

Personalidad falsa

Cuando Dios llama a alguien al ministerio, comienza un proceso de transformación en el carácter y el corazón de esa persona (ver Romanos 8:29, 30; 12:2; 2 Corintios 3:18). Los tratos de Dios comienzan en lo profundo del individuo a conformar a esa persona a Cristo en personalidad y carácter. El resultado final es que la persona poseerá la composición interna de un siervo de Dios.

Los falsos apóstoles carecen de esta composición y personalidad interna presente en los verdaderos apóstoles. Esto es porque sus viejas naturalezas no han sido transformadas por el poder de Cristo. Pablo dice que aunque parezcan ser transformados, es sólo porque se han transformado *a sí mismos* (tal como hace Satanás), labrándose *a sí mismos* en apóstoles (ver 2 Corintios 11:13-15). Se llaman a sí mismos y se desarrollan ellos mismos. No tienen verdadera santificación ni auténtico proceso de desarrollo del carácter en sí mismos. No son, ni siquiera parecen, completamente cambiados por Dios.

Esta falta de transformación interna por el poder de Dios pude ser detectada finalmente en dos niveles.

Primero, estos hombres no poseerán ninguna intimidad ni relación con Cristo; no respetan la vid. Para tales falsificaciones, Cristo mismo proclamará en el día del juicio: "Nunca os conocí, apartaos de mí, hacedores de maldad" (Mateo 7:23).

Segundo, los falsos apóstoles no tendrán relación real ni compañerismo con los verdaderos creyentes. El Nuevo Testamento habla de los falsos ministros como "falsos hermanos" (2 Corintios 11:26; Gálatas 2:4, 5). Esta frase apunta a la cuestión de su relación e identidad dentro del Cuerpo de Cristo. Ellos no son "hermanos" ni tienen posición relacional entre los hermanos ni en la casa del Padre. Son personas que, por composición y relación, se apartan del verdadero pueblo de Dios.

Falsas prácticas

Los falsos apóstoles también pueden detectarse por la manera en que se conducen. Pablo habló de sus "artimañas del error", métodos falsos que revelan sus falsas identidades (ver Efesios 4:14). Sus prácticas falsas son extensiones de sus caracteres imitados. La Escritura revela muchas prácticas que caracterizan a los falsos apóstoles, incluyendo la presencia de los siguientes elementos:

- *Secreto y misterio en sus doctrinas y vidas en vez de receptividad* (ver Gálatas 2:4, 5). "Guardar secretos" es una buena indicación de que algo está mal.
- *Un espíritu de esclavitud o control de otros en vez de promover la verdadera libertad* (ver 2:4, 5). Un verdadero apóstol nunca quiere atar ni controlar a nadie. (Para más información acerca de cómo usan su autoridad los apóstoles, ver capítulo 11.)
- *Manipulación a través de palabras halagadoras en vez de hablar la verdad en amor* (ver Romanos 16:18; Efesios 4:15).
- *Influencia seductora sexual con las mujeres en vez de pureza y respeto* (ver Mateo 23:14; 2 Timoteo 3:6).
- *Engaño y pretensión más que honestidad e integridad* (ver Mateo 7:15, 24:11).
- *Falsos milagros nacidos de una posesión demoníaca en vez de verdaderos milagros por el poder del Espíritu Santo* (ver 24:24).
- *Supersticiones, filosofías falsas y pensamiento carnal en vez de la mente de Cristo y la sabiduría celestial* (ver Colosenses 2:8; Santiago 3:15).
- *Tradiciones vacías y simbolismos sin vida en vez de adoración con significado* (ver Colosenses 2:8, 18).
- *Penetración de la iglesia local con sus mensajes en vez de penetrar a la sociedad con el evangelio* (ver Hechos 20:29; Judas 4). Los verdaderos apóstoles no entran a la iglesia local para atraer gente hacia sí mismos. Ese es el trabajo de los falsos apóstoles. Los verdaderos se preocupan por ganar al perdido.
- *Denigrar y alejarse de la iglesia local y hacia ellos mismos en vez de construirla y atraer a la gente hacia Cristo* (ver Hechos 20:30; 1 Juan 2:19, 26).

Cada una de esas prácticas son observables y contrarias a los métodos ministeriales apropiados. Las violaciones consistentes de los principios en juego pueden ser indicaciones claras de un falso ministro operando.

Falsa proclamación

Los falsos apóstoles carecen de mensajes apostólicos válidos. Ellos nunca pueden sonar bien porque no están bien. Sus enseñanzas no se basan en la verdad, sino que están enraizadas en engaños entrelazados dentro de su falso pensamiento, extendiéndose para atraer a otros con poderes oscuros. Sea que "perviertan el evangelio" (Gálatas 1:7) o prediquen un "evangelio diferente" por completo (2 Corintios 11:4; Gálatas 1:6), reciben maldiciones por hacerlo (ver Gálatas 1:9). El peligro insidioso de los mensajes que propagan los falsos ministros es que no son suyos, sino que son "doctrinas de demonios", que proceden del mismo infierno (1 Timoteo 4:1). Los resultados terribles de seguir sus enseñanzas se manifiestan en forma de dolores del corazón, confusión espiritual así como condenación eterna.

En pocas palabras, los falsos apóstoles tienen personalidades, prácticas y proclamaciones falsas. Pueden reconocerse por sus frutos, por lo que se debe actuar para limitar su efectividad.

CUATRO LEYES PARA TRATAR CON APÓSTOLES FALSOS

¿Qué haces con Judas una vez que lo detectas? Lo primero que debemos evaluar es si esa persona es un *falso apóstol* o un *apóstol caído*. La respuesta a esa pregunta determina la estrategia y el resultado deseado. En este capítulo estamos tratando con falsos apóstoles, así que guardaré mis comentarios acerca de los apóstoles caídos para el próximo capítulo en el que discutiré la autoridad apostólica y la responsabilidad mutua entre los apóstoles.

En el caso de un falso apóstol, debemos recordar que la respuesta de Cristo a Judas —pese a que Jesús sabía lo que Judas estaba a punto de hacer—, no fue violenta ni mordaz. La batalla no es contra carne ni sangre. La Escritura nos enseña a responder a los falsos apóstoles decidida pero espiritualmente. ¿Qué leyes y principios gobiernan el tratamiento de los falsos apóstoles en la Iglesia de Jesucristo?

1. Evita entrar bajo su influencia

La primera ley se basa en el *principio de prevención*. Mediante la formación de nuestro conocimiento acerca de la Palabra, somos capaces de distinguir a los falsos apóstoles y evitarlos antes de que sean capaces de influir en nuestras vidas (ver Romanos 16:17; Tito 3:9). Nunca debemos, bajo ninguna circunstancia, ponernos bajo su liderazgo o dentro de su esfera de influencia, ni brevemente: "Y esto a pesar de los falsos hermanos introducidos a escondidas, que entraban para espiar nuestra libertad que tenemos en Cristo Jesús, para reducirnos a esclavitud, *a los cuales ni por un momento accedimos a someternos*, para que la verdad del evangelio permaneciese con vosotros" (Gálatas 2:4,5, énfasis mío).

2. Abandona todas las conexiones con ellos

Sepárate y retírate totalmente de los falsos apóstoles. Esta ley se basa en el *principio de preservación*. "No erréis; las malas conversaciones corrompen las buenas costumbres" (1 Corintios 15:33). Los verdaderos apóstoles no pueden pagar el precio de asociarse con hombres de carácter falso, ni siquiera por el interés de la unidad, redes de trabajo o fraternidad (ver Gálatas 5:12; 2 Tesalonicenses 3:6, 14; 2 Juan 1:6). Pablo advirtió a Timoteo que esos son "hombres corruptos de entendimiento y privados de la verdad, que toman la piedad como fuente de ganancia; apártate de los tales" (1 Timoteo 6:5). Ya seamos apóstoles o pueblo apostólico, necesitamos distanciarnos de las falsificaciones de Satanás. Nuestro motivo no es el miedo, es la prudencia. El movimiento apostólico puede ser rápidamente contaminado si no se observa este principio.

3. Amonéstalos y exhórtalos a cesar con sus falsas prácticas

Los falsos apóstoles deben ser retados por hombres piadosos. Esta regla basa su fuerza en el *principio de purificación*: la única forma de mantener al Cuerpo de Cristo libre de impurezas es confrontarlo. La Escritura llama a la persona de Dios a exhortar y convencer a los falsos ministros, "retenedor de la palabra fiel tal como ha sido enseñada, para que también pueda exhortar con sana enseñanza y convencer a los que contradicen" (Tito 1:9). Este enfoque debe ser repetido hasta dos veces, después de las cuales el falso ministro que continúe practicando engaño debe ser marcado y rechazado por la fraternidad o asociación debido a la autocondenación (ver Tito 3:10, 11).

4. Alerta a otros, en el Cuerpo de Cristo, en cuanto a sus obras

Esta ley descansa en el *principio de protección*: Debemos guardar al Cuerpo de Cristo de infecciones que lo debiliten o lo ensucien.

Una porción sustancial del Nuevo Testamento consiste en apóstoles que identifican los peligros y alertan al Cuerpo a no acercarse a ellos. Es apropiado identificar específicamente a los malhechores (ver Romanos 16:17) Esto protege a la casa de Dios de invasiones indeseadas, y asegura la salud del Cuerpo.

RESUMEN

La Escritura es clara en que Satanás apuntará al ministerio apostólico para neutralizarlo. Los verdaderos apóstoles ungidos y señalados para la hora final de la cosecha mundial constituirán una amenaza tal para el reino demoníaco que un contramovimiento masivo se levantará en retaliación. Una compañía de falsos apóstoles se levantará opuesta a la de los verdaderos. El objetivo de este asalto demoníaco será debilitar el movimiento apostólico y quitar su efecto sobre la tierra.

Está claro que el enemigo será derrotado por la Iglesia; el moderno movimiento de Judas Iscariote se colgará a sí mismo y finalmente caerá, mientras que la verdadera compañía de los apóstoles avanzará para recibir poder y reclamar las naciones. La victoria puede venir sólo a medida que el pueblo de Dios sea capaz de discernir entre los profetas verdaderos y falsos, y responder *entendiendo adecuadamente la autoridad apostólica*.

Notas

1. Frank Damazio, *The Vanguard Leader*, Bible Temple, Portland, OR, 1994, p. 161.

ENTIENDE LA AUTORIDAD APOSTÓLICA

FUE UNA LECCIÓN QUE NUNCA OLVIDARÍAN. COMENZÓ CON LO QUE parecía ser una ingenua petición. Se sentían un poco extrañados acerca de eso pero, después de todo, ellos eran apóstoles. Fueron elegidos personalmente para seguir a Cristo y estar con Él. Seguro que Jesús entendería y les concedería sus peticiones. Así que decidieron preguntar.

—Maestro, queremos que nos concedas nuestras peticiones especiales—apeló Juan con tacto.

—¿Qué quieren? —preguntó Cristo con una sonrisa curiosa.

Santiago explicó:

—Quisiéramos que cada uno de nosotros tuviera un lugar especial a tu lado en la gloria… cuando tu reino sea…

—No saben lo que están pidiendo —interpuso Cristo con el rostro serio—. ¿Pueden beber de la copa de donde yo bebo? ¿Y pueden ser bautizados con el bautismo con el que yo soy bautizado?

Sin desalentarse, ambos respondieron:

— Sí podemos.

Jesús trajo la discusión a un nuevo nivel de intensidad profética.

—A la verdad, del vaso que yo bebo, beberéis, y con el bautismo con que yo soy bautizado, seréis bautizado; pero el sentaros a mi derecha y a mi izquierda, no es mío darlo, sino a aquellos para quienes está preparado.

Los dos comenzaron a sonrojarse por la vergüenza. Le habían revelado sus mezquinas ambiciones. Los otros apóstoles se percataron de la conversación y la atmósfera se volvió rápidamente contra ellos. Peor aun, Jesús mostró su claro disgusto por sus peticiones.

El Señor disipó la tensión dirigiéndolos a un detallado discurso con respecto a la naturaleza del ministerio. Necesitaban entender algo y Cristo casi siempre utilizaba las ocasiones en que ellos cometían errores como oportunidades para corregirlos y enseñarlos. Necesitaban entender la autoridad apostólica.

Ellos siguieron contrastando la autoridad del reino con la del mundo; no era lo mismo. La grandeza en el reino era resultado de una servidumbre sincera, no de una competencia carnal. Señalándose a sí mismo como modelo, Cristo reveló que aunque era el Señor de todo, vino a servir y no a ser servido (ver Mateo 20:20-28; Marcos 10:35-45).

Desde que Santiago y Juan hicieron esa petición egoísta, el asunto del campo de acción de la autoridad del apóstol es contemplado. Ciertamente los apóstoles son llamados a ejercer autoridad, pero Cristo aclaró que esta autoridad tenía que ser humildemente merecida, adecuadamente motivada y soberanamente recompensada.

Hacia este punto dirigimos ahora nuestros esfuerzos para entender el ministerio del apóstol. ¿Cuánta autoridad tienen los apóstoles? ¿Cuánto deberían utilizar? ¿Existen líneas de autoridad para los apóstoles y cómo están estructuradas? Entender las implicaciones de los modelos de autoridad apostólica del Nuevo Testamento para hoy es esencial para el éxito del movimiento apostólico que viene y para el desarrollo del individuo apostólico.

PRIMEROS MODELOS DE AUTORIDAD APOSTÓLICA

Como hemos visto, los doce apóstoles lucharon como hombres para entender los límites y la naturaleza de su llamado. En los primeros días como apóstoles, sus corazones estuvieron turbados con la expectativa de la partida de Cristo (ver Juan 14:1, 27). Esto fue verdad probablemente por un número de razones, en especial la que puede haber sido el asunto de quién asumiría la supervisión de los doce. Es posible que el liderazgo de Pedro entre ellos fuera probado de tiempo en tiempo, especialmente porque cometió errores por los cuales es bien recordado hoy. Aunque las listas de nombres de los apóstoles en los evangelios siempre colocan a Pedro primero en el orden, está claro que no todos estaban satisfechos con su prominencia (ver Marcos 9:34; Lucas 22:24).

Cuando Jesús estaba físicamente presente y al frente de los doce, la mayoría de las posiciones y competencias ocultas eran mantenidas a raya. Pero cuando ascendió al Padre, se creó un vacío. Alguien necesitaba ocupar su lugar. No tenemos registros de que Cristo señalara oficialmente a Pedro como la nueva cabeza del esfuerzo del reino,[1] y puede haber prevalecido una incertidumbre en cuanto a la autoridad de Pedro.

A medida que se desplegó el tiempo, Pedro se convirtió en el líder no oficial de la iglesia. Después de la resurrección y del esfuerzo de Cristo por animar a los discípulos que lo negaron, estaba claro que Jesús todavía tenía algo grande para Pedro. Debido a Pentecostés, se había convertido en un hombre grandemente transformado, y fue usado con poder por Dios para proveer entendimiento y liderazgo en ese agitado día. El escritor de Hechos lo menciona como primero en aparecer y hablar (ver Hechos 1:15; 2:14; 3:12). Desde ahí en adelante, Pedro figura en los primeros capítulos de Hechos como precursor y representante de los apóstoles, recibiendo honor como primero entre ellos dondequiera que se refiera a ellos como grupo (ver 2:39; 5:29).

A medida que la narrativa de Hechos se despliega más, la atención de Lucas cambia a otros apóstoles. La prominencia de Pedro entre los judíos palidece a medida que se difunde la conversión de Pablo y el ministerio a los gentiles. Este entonces se convierte en la figura apostólica central en Hechos, implicando que su presencia hasta opacó la de Pedro. Sabemos que en los primeros tiempos del apostolado de Pablo, estaba lo suficientemente cómodo con su autoridad como para corregir a Pedro públicamente por su aparente prejuicio religioso (ver Gálatas 2:11-14). Para el momento en que llegamos a Hechos 15, y el consejo apostólico convocado para abordar el problema de la circuncisión de los gentiles, el apóstol Santiago había remplazado a Pedro como el apóstol y autoridad líder en Jerusalén.

Así que dentro de las primeras décadas tras la resurrección, el liderazgo de la Iglesia cambió varias veces entre las figuras apostólicas. Cada uno fue levantado por Dios para una época particular de influencia y propósito. Sus posiciones de autoridad no eran incambiables. Estaban fundados sobre la base de sus llamados como apóstoles, pero eran relativos respecto a las épocas y propósitos de Dios para sus vidas y para la Iglesia.

Este tipo de flexibilidad dentro del liderazgo de los apóstoles demuestra poderosamente que la autoridad apostólica no es ni *sucesional* (es decir, capaz de ser impartida permanentemente según la voluntad del hombre) ni *jerárquica* (compuesta de numerosas capas de autoridad) en su naturaleza básica. Al contrario, el liderazgo, y la sumisión, entre los apóstoles es fluido, relacional y sujeto a cambio según la situación y la voluntad de Dios. Este hecho nos brinda una importante introducción al primero de cuatro principios espirituales que influyeron las estructuras de la autoridad apostólica en la Iglesia Primitiva. Primero, examinemos la fuente de toda autoridad espiritual, el corazón de un siervo.

LA FUENTE DE LA AUTORIDAD APOSTÓLICA

El apóstol es, primero y antes que nada, un siervo. Todo verdadero ministro es resultado de un compromiso sentido de hacer a un lado humildemente el interés propio de uno y servir al Padre. Este es el ejemplo puesto por Cristo, el Apóstol, que no vino para ser servido sino para servir (ver Mateo 20:28). Un apóstol recibió la revelación del poder de la grandeza de Cristo por medio de servidumbre:

> Haya, pues, en vosotros este sentir que hubo también en Cristo Jesús, el cual, siendo en forma de Dios, no estimó el ser igual a Dios como cosa a qué aferrarse, sino que se despojó a sí mismo, tomando forma de siervo, hecho semejante a los hombres; y estando en la condición de hombre, se humilló a sí mismo, haciéndose obediente hasta la muerte, y muerte de cruz. Por lo cual Dios también le exaltó hasta lo sumo, y le dio un nombre que es sobre todo nombre, para que en el nombre de Jesús se doble toda rodilla de los que están en los cielos, y en la tierra, y debajo de la tierra; y toda lengua confiese que Jesucristo es el Señor, para gloria de Dios Padre (Filipenses 2:5-10).

Estas poderosas palabras contienen una revelación y una sabiduría eternas. La grandeza y la autoridad de un apóstol vienen de servir. Aquellos que desean un ministerio apostólico con autoridad deben estar preparados para adoptar la forma de siervo y experimentar la cruz, para que una gloriosa resurrección de mayor autoridad pueda nacer en sus vidas.

Reflexiones sobre humildad apostólica

Pablo describió su ministerio para el Señor como caracterizado por "toda humildad de mente" (Hechos 20:19). La cualidad de la humildad y de la actitud de siervo estaba profundamente enraizada en su hombre interior. Considera tres reflexiones de este tipo de humildad apostólica frente al espejo del Nuevo Testamento:

1. Los apóstoles se veían a sí mismos como esclavos de Jesucristo

Los apóstoles se identificaban en sus escritos como siervos. Por ejemplo: "Pablo, siervo de Jesucristo, llamado a ser apóstol, apartado para el evangelio de Dios" (Romanos 1:1). Esto no sólo era una marca de las cartas de Pablo, sino que hallamos introducciones similares en los escritos de los apóstoles Santiago (ver Santiago 1:1), Pedro (ver 2 Pedro 1:1) y Juan (ver Apocalipsis 1:1).

Los apóstoles comunicaban que entendían sus roles. Ellos era "subsirvientes" de Cristo. Encontraban sus propósitos e identidades en estilos de vida haciendo la voluntad de Dios, cediendo todas sus habilidades. Como esclavos atados, sus derechos y privilegios estaban perdidos, y las responsabilidades asignadas a ellos por Cristo tomaban prominencia.

2. Los apóstoles nunca se arrogaron la gloria

La humildad que es característica de los apóstoles los previene de llamar la atención hacia ellos mismos. El apóstol Pablo confiesa: "Pues si anuncio el evangelio, no tengo por qué gloriarme; porque me es impuesta necesidad; y ¡ay de mí si no anunciare el evangelio!" (1 Corintios 9:16). Uno de los hombres más realizados y superdotados de todos los tiempos sinceramente creía que no tenía razón para jactarse. Esto es típico de la humildad que capacita a un apóstol.

Cada vez que Dios usaba a los apóstoles para mostrar poder sanador sobrenatural, ellos eran cuidadosos en darle a Dios la gloria. Evidentemente algunos le atribuían ese poder a ellos, pero los apóstoles mostraron una rara humildad diciendo: "¿Por qué os maravilláis de esto? ¿o por qué ponéis los ojos en nosotros, como si por nuestro poder o piedad hubiésemos hecho andar a éste?" (Hechos 3:12).

Más tarde, cuando Pedro fue a casa de Cornelio, leemos que mientras entraba "salió Cornelio a recibirle, y postrándose a sus pies, adoró. Mas Pedro le levantó, diciendo: Levántate, pues yo mismo

también soy hombre" (Hechos 10:25, 26). Los apóstoles son conscientes de su frágil humanidad (ver Hechos 14:11-15) y no son dados
a gloriarse a sí mismos (ver 1 Tesalonicenses 2:6).

Debería notarse, sin embargo, que estas cualidades —la humildad
y la servidumbre— no retuvieron a los apóstoles para demostrar una
audacia feroz (ver Hechos 13:46; 14:3). Enfrentaron con valentía la
enfermedad, la oposición, la persecución y las dificultades naturales.
Ha sido dicho correctamente que mansedumbre no significa debilidad y, en el caso de los apóstoles, su humildad delicada nunca los
previno de confrontación ni conquista.

3.   Los apóstoles entendían su propia necesidad de someterse

Lejos de ser individuos que se ven como la "ley en sí mismos", los
verdaderos apóstoles muestran su humildad mediante una sumisión
tangible a la autoridad establecida. Los apóstoles Pablo y Bernabé
no dejaron la iglesia en Antioquía hasta que fueron adecuadamente
enviados por el Espíritu Santo por medio del liderazgo local (ver
Hechos 13:1-3). En este contexto, somos testigos de la sumisión de
los apóstoles *a la iglesia que les envía*. Esta humilde subordinación
parece haber sido perpetua, ya que una rápida revisión de los viajes apostólicos de Pablo revela que siempre comenzaba cada viaje
en Antioquía, y regresaba allí a reportar su progreso (por ejemplo,
Hechos 14:26-28).

También está claro, a partir de las mismas Escrituras, que los apóstoles entendían su necesidad de someterse a la autoridad de aquellos
que estaban supervisando las iglesias locales que ellos no fundaron.
Entendían la *sumisión a la iglesia local*. Ni Pablo ni Bernabé fundaron Antioquía, y cuando estaban presentes allí, nunca buscaron regir
el gallinero. En efecto, no tenemos registros de apóstoles usurpando
alguna vez la autoridad en *cualquier* contexto del ministerio.

Parece que los apóstoles en el Nuevo Testamento sabían la manera
de "comportarse como invitados en la casa de otro hombre", nunca
haciendo intentos poco bienvenidos de controlar la obra de otro.
Como otro ejemplo, cuando Pablo deseó fuertemente que Apolos
fuera a Corinto, y Apolos no estaba dispuesto a hacerlo en el tiempo
que Pablo deseaba, este lo aceptó de buena gana y se abstuvo de tratar de manipularlo para que lo complaciera (ver 1 Corintios 16:12).
Sea en relación a una iglesia que envía o a otro ministerio, siempre
detectamos el latido callado de la sumisión humilde latiendo constantemente en el pecho del verdadero apóstol.

Cuatro principios de
autoridad apostólica

¿Qué puede aprenderse a partir del Nuevo Testamento acerca de la filosofía del liderazgo que guió a los apóstoles a través de esas emocionantes primeras décadas? ¿Cómo podemos adaptar estos principios atemporales en el mover apostólico presente? Los siguientes principios de autoridad apostólica dan entendimiento:

1. El principio de cooperación interdependiente
Ya está establecido que el corazón del apóstol era verdaderamente humilde. Los apóstoles nunca se vieron como hombres que controlaban las vidas de aquellos que se les sometían, sino que respetaban el libre albedrío de la persona y elegían la cooperación en vez del control.

Este principio se sostiene como verdadero a lo largo del Nuevo Testamento. Dondequiera que exista pueblo y líderes, debe haber cooperación en vez de dominación. En Apocalipsis 2, el Señor Jesús indica su odio tanto a las acciones como a las doctrinas de los nicolaítas (ver Apocalipsis 2:6,15). Aunque no se sabe mucho de esta secta, podemos conocer algo de sus errores a partir de su nombre. La raíz griega *nikao* significa "conquistar", y la raíz *laos* significa "gente", de aquí que los nicolaítas eran *conquistadores de gente*, aquellos que dominaban y controlaban a los santos. Los verdaderos apóstoles nunca serían culpables de tal control.

Pablo reveló esto cuando escribió a los creyentes corintios, diciendo: "No que nos enseñoreemos de vuestra fe, sino que colaboramos para vuestro gozo; porque por la fe estáis firmes" (2 Corintios 1:24). Pablo entendía que los santos en Corinto, aunque necesitaban corrección y cambio disciplinado, no se iban a colocar en una posición dependiente de su fe. Ellos necesitaban pararse en su propia fe. El papel de Pablo era ayudarlos a caminar con gozo más que con derrota. Tampoco iban a convertirse indiferentemente en *independientes* de su autoridad apostólica. Esta popular actitud deja al creyente corto de una gran cantidad de bendiciones liberadas a través de la relación con el liderazgo. Al contrario, ellos mantuvieron el principio de *interdependencia en la iglesia local*: la intrincada conexión del liderazgo apostólico (tales como pastores y ancianos) y la membresía local en armonía y equilibrio. Ni el apóstol, ni el liderazgo local ni el pueblo pueden estar completos sin el otro.

Esta conexión equilibrada vendría a ser el medio divino de crecimiento y fortaleza para la Iglesia, no sólo en el primer siglo, sino en el nuestro también. El presente mover apostólico debe ser bautizado en una sensibilidad a las relaciones interdependientes que Dios ha diseñado para obrar dentro de su pueblo (ver Efesios 4:16; Filipenses 2:2).

2. El principio de sumisión voluntaria

Cuando el pueblo y sus apóstoles están en relación adecuada entre sí, tanto el respeto genuino como la sumisión verdadera están presentes. Apóstoles como Pablo ejercitaban con regularidad su influencia sobre los creyentes y las iglesias en sus funciones como líderes y padres espirituales. Por ejemplo, el pueblo obedeció las decisiones alcanzadas por los ancianos y los apóstoles en Jerusalén. "Y al pasar por las ciudades, les entregaban las ordenanzas que habían acordado los apóstoles y los ancianos que estaban en Jerusalén, para que las guardasen. Así que las iglesias eran confirmadas en la fe y crecían en número cada día" (Hechos 16:4, 5).

¿Era esto excesivo control? Definitivamente no. Estos versículos indican que el pueblo realmente prosperaba a medida que obedecían. Esta bendición vino porque el principio de sumisión voluntaria estaba operando. La sumisión relacional es voluntaria. Pablo apunta esto cuando habla de los falsos ministros: "a los cuales ni por un momento accedimos a someternos, para que la verdad del evangelio permaneciese con vosotros" (Gálatas 2:5). A la sumisión se accede por un acto de la voluntad.

Los apóstoles no podían exigir sumisión y cooperación del pueblo, pero este podía recibirla de ellos cuando era extendida espontáneamente. A medida que las personas se sometían, los apóstoles guiaban y gobernaban. Este es el verdadero patrón para la sumisión y la autoridad piadosa en el hogar, la iglesia y el gobierno. Un líder no puede guiar a menos que la gente le siga voluntariamente, tampoco puede un apóstol demandar respuesta porque es apóstol. Los apóstoles son siervos que ministran a aquellos que libremente reciben su autoridad.

A lo largo de estas líneas, algunos se han preguntado: "Si estamos entrando en una nueva dimensión de gobierno eclesiástico debido al surgimiento de los apóstoles y del movimiento apostólico, ¿qué significará esto para las estructuras actuales de la Iglesia como las denominaciones? ¿Las abandonaremos en masa para unirnos a las organizaciones encabezadas por la nueva raza de apóstoles?" Aunque no puedo proclamar que tengo la respuesta completa a esta importante pregunta, creo que cualquier arreglo que Dios haga en su Iglesia no violará los principios bíblicos de autoridad que estoy presentando en este capítulo. En otras palabras, no creo que tendremos un lío gigante en nuestras manos. La unidad se desarrollará mientras Dios nos ayuda a cooperar interdependientemente y a someternos en forma voluntaria unos a otros. Este movimiento no debería producir una violación de los principios de autoridad apostólica, sino más bien el cumplimiento de ellos para una unidad mayor entre los diversos campos en el Cuerpo de Cristo. No sé exactamente cómo vamos a llegar ahí, pero sé que lo haremos, ya que Jesús le ha pedido al Padre que lo ejecute (ver Juan 17:20-23).

3. El principio de autonomía local

Cuando examinamos los modelos de autoridad en el Nuevo Testamento, vemos que existían claramente varios niveles de autoridad. Había por supuesto, el nivel local de autoridad que fluía dentro de la iglesia. En este escenario, pastores y ancianos gobernaban la obra de Dios y administraban la culminación de los propósitos del evangelio dentro de su asamblea eclesial. Más allá de la autoridad local estaba la translocal de los apóstoles que por lo general supervisaban la obra de Dios dentro de una esfera particular ya sea de influencia geográfica o cultural.

A medida que examinamos las interrelaciones de la autoridad local y translocal en la Escritura, encontramos un equilibrio maravilloso. Los apóstoles trabajaban cuidadosamente con las iglesias locales y sus liderazgos, especialmente dentro de las que ellos plantaban. En Hechos 15 y 16 sólo, los apóstoles trabajaban a una con los líderes locales en una variedad de funciones. Pablo y Bernabé sostuvieron diálogos con los otros apóstoles y líderes en Jerusalén acerca del problema de la circuncisión de los gentiles (ver Hechos 15:2, 6). Como apóstoles, Pablo y Bernabé fueron recibidos por los apóstoles y líderes de Jerusalén (ver v. 4). Entonces fueron enviados por los apóstoles y líderes de Jerusalén, acompañados con cartas y otros hombres, para ir a Antioquía y comunicar los hallazgos del consejo apostólico (ver v. 22). Como ya ha anotamos, los apóstoles y los líderes locales también se pararon juntos y emitieron un decreto autoritativo para que toda la iglesia gentil observara y siguiera.

En toda esta cooperación, la autoridad translocal de los apóstoles nunca pasó por encima de la autoridad local. El principio de autonomía local y autorégimen permaneció constante, mientras la autoridad de los apóstoles en el concilio estaba gobernando el ámbito más amplio de la obra de Dios.

4. El principio de responsabilidad mutua

Dondequiera que exista autoridad, el potencial para abusar de ella está presente. Dios ha diseñado estructuras de autoridad en la que los bajos niveles vienen a ser responsabilidad de niveles más altos. Por ejemplo, en un ejército, los soldados de a pie son autorizados para hacer la guerra, pero tienen que rendir cuentas a los sargentos, los cuales tienen que hacer lo mismo ante los capitanes, quienes a su vez son responsables ante los generales. Estos, a su vez, rinden cuentas ante los jefes de estado.

En el ejército de Dios, esto se mantiene también, pero ¿quién es responsable ante los generales (para nuestros propósitos, los apóstoles y Padres de la Iglesia) además de Dios mismo?

Lo que observamos en el Nuevo Testamento es este principio de responsabilidad mutua en que los "generales" se convierten en responsables *unos a otros*. Este principio obliga a que la gente se convierta en responsable de sus pares de nivel superior así como de su jefatura final. Esto crea una red relacional eficaz en la que las autoridades (especialmente en posiciones directivas) mantienen la receptividad, la comunicación y el aprendizaje unos con otros. Dentro de este arreglo, la sumisión al otro se practica y los abusos se evitan.

Esto genera la pregunta de *los apóstoles caídos*, que mencionamos en el último capítulo. ¿Qué debería hacerse con un apóstol que peca y sale del camino? El tipo de responsabilidad relacional que estoy describiendo es la mejor prevención que conozco para tal problema, sin embargo en caso de que deba tratarse con un hermano en pecado, sus pares necesitan restaurarlo con sabiduría, sensibilidad a la regulación y un cuidadoso autoexamen (ver Gálatas 6:1, 2). La confrontación amorosa y la corrección de los pares pueden proveer la red de seguridad que se necesita en el ministerio apostólico. En el caso de que un hermano en pecado no se arrepienta, se requiere que se empleen métodos más fuertes (ver Tito 3:10, 11). En cualquier caso, la verdadera responsabilidad, si se ejercita adecuadamente, brinda protección del error y recursos cuando se yerra.

En el concilio apostólico de Hechos 15, los apóstoles se juntaron en este espíritu de responsabilidad mutua para asentar las disputas y los problemas doctrinales. Ellos se reunían con frecuencia y se sometían a la admonición y al consejo de unos y otros. Algunos tenían que cambiar y conformarse con las decisiones acordadas por los pares apostólicos. Esto es responsabilidad mutua en acción. A lo largo de estas líneas, el regaño abierto de Pablo a Pedro en Gálatas 2 revela que los apóstoles eran libres, si no obligados, a depurarse entre sí, por cualquier error.

CUATRO ASPECTOS DE LA AUTORIDAD APOSTÓLICA

¿Qué otros factores deben considerarse para entender la autoridad apostólica? Considera estas facetas adicionales de la discusión:

1. Rangos de apostolado

Es totalmente posible que una estructura de rangos informal existiera entre los apóstoles del primer siglo. Observamos muchas indicaciones de que esto era factible. Primero, Santiago fue prominente en su posición en la reunión del Concilio en Jerusalén. Su carácter, dotes e influencia como líder de la primera iglesia le hizo un dirigente natural de los apóstoles. Segundo, el lenguaje de Pablo indica la presencia de "superapóstoles" o apóstoles jefes (ver 2 Corintios 11:5; 12:11), así como apóstoles menores (ver 1 Corintios 15:9). Estas frases nos impulsan a identificar niveles informales de ministerio entre los apóstoles tal como vemos en cualquier organización hoy.

2. Alcance de la autoridad

Segunda de Corintios 10:13-16 indica que a cada apóstol se le dio una regla única (o esfera de autoridad) de parte de Dios. Era importante que cada apóstol entendiera esto, y no excediera los límites señalados del ministerio. Tanto razones naturales como espirituales para este tipo de conciencia y limitación están claramente delineadas entre los apóstoles del Nuevo Testamento. Por ejemplo, la esfera de ministerio de Pablo era el mundo gentil (ver Romanos 11:13); la de Pedro era al mundo judío (ver Gálatas 2:8), como la de Santiago y Juan (ver Gálatas 2:7-10). Es interesante considerar el nombramiento de Matías como remplazo de Judas bajo esta luz. Cada papel de apóstol es preciso y necesario en el amplio equilibrio de la autoridad apostólica.

3. Autoridad relacional

Dick Iverson observa sabiamente: "Relación, no jerarquía, es la base de la autoridad espiritual. Mantener una posición, cumplir un oficio o ser electo para una posición importante no es par alo que están hechos los ancianos espirituales, ¡ellos se lo ganan! Uno califica para ser un líder desarrollando relaciones".[2]

Por esa razón deberíamos también ser conscientes de que los apóstoles lo son para unos y no para otros. Tal como en la Iglesia de hoy la gente se relaciona con "sus pastores" de manera diferente a como lo hacen con el de los otros, en la Iglesia Primitiva el sentido de identificación con un apóstol específico se basaba en la relación personal. Epafrodito era conocido como "*tu mensajero*" (literalmente, "tu apóstol"). Para algunos era un supervisor relacional y, por implicación, para otros no lo era. Dado que Pablo no estaba en autoridad sobre Jerusalén, se sometía a Santiago mientras estaba allí. Este aspecto relacional de la autoridad del apóstol es sin duda lo que Pablo tenía en mente cuando dijo: "Si para otros no soy apóstol, para vosotros ciertamente lo soy; porque el sello de mi apostolado sois vosotros en el Señor" (1 Corintios 9:2).

4. Autoridad regional

La esfera de autoridad en combinación con la autoridad relacional puede llevarnos a otro aspecto de la autoridad del apóstol, la de *apostolado regional o territorial*. Roland Allen sugiere que los apóstoles apuntaban a regiones completas cuando escribió: "Tanto Lucas como Pablo hablan constantemente de las provincias más que de las ciudades. Así Pablo tenía prohibido predicar la palabra en Asia; él fue llamado a Troas no a Filipos ni a Tesalónica, sino a Macedonia. Hablando de la colección de santos en Jerusalén, Pablo dice que se jactaba de que Acaya estaba lista hacía un año. La sugerencia es que según la visión de Pablo la unidad era la provincia en vez de la ciudad".[3] Creemos que el Espíritu Santo obra entre los apóstoles para dividir las regiones entre ellos a fin de que las áreas geográficas (tales como los continentes) puedan ser penetradas uniformemente. Este tipo de división de responsabilidad y esfuerzo concuerda con la naturaleza prudente de Dios.

La Escritura indica que los apóstoles emigraban a territorios específicos en sus actividades. El ministerio de Pablo lo llevó a Palestina, Siria, Chipre, Asia Menor, Macedonia, Grecia y Roma. Ilírico y España también se mencionan (ver Romanos 15:19-24). Muchos interpretan que 1 Pedro 5:13 significa que Pedro viajó a Babilonia, o la Irak moderna. La tradición dice que Tomás fue a India, y otros fueron a Francia, Bretaña y el norte de Europa.

Es fascinante considerar las observaciones de J. Danielou como las cita el doctor McBirnie: "Al principio del Libro III de su *Historia de la Iglesia*, después de haber descrito la caída de Jerusalén, Eusebio dice que 'el mundo inhabitado' estaba dividido en zonas de influencia entre los apóstoles: Tomás en la región de Partia, Juan en Asia, Pedro en el Ponto y Roma, Andrés en Cintia (J. Danielou, *The Christian Centuries*, p. 39)".[4]

Más tarde en la historia, San Agustín de Canterbury fue conocido como "el apóstol de Inglaterra" y San Patricio como "el apóstol de Irlanda". Los apóstoles históricamente han sido responsabilizados de territorios específicos de la tierra. Si Satanás ha establecido espíritus territoriales para pelear la batalla global contra la Iglesia, como creen muchos hoy, ¿no es posible que Dios también haya establecido apóstoles territoriales para ayudar a contrarrestar su actividad destructiva? La dinámica de la evangelización mundial que viene a ser posible cuando los apóstoles se relacionan apropiadamente entre sí en todos estos aspectos es emocionante.

FUNCIONES APOSTÓLICAS RELATIVAS A LA AUTORIDAD

Un estudio profundo del ministerio de apóstol no estaría completo sin considerar las funciones apostólicas relativas a la autoridad. La autoridad espiritual delegada a los apóstoles obliga a la administración de las siguientes responsabilidades:

Los apóstoles imparten orden (1 Corintios 7:17, 11:34; 16:1)
El apóstol Pablo era proactivo en la supervisión del estilo de vida del creyente, los métodos de dar y la conducta general. Su esfera de influencia traía orden y excelencia a la casa de Dios. Claramente, a los apóstoles les ha sido dada autoridad real para gobernar e influir todo, desde preguntas doctrinales hasta asuntos prácticos como vivir para Dios. Las cartas del Nuevo Testamento tienen evidencia de este aspecto del apostolado.

Los apóstoles establecen cuestiones doctrinales (Hechos 15:1,2,6)
Los apóstoles se reunieron en Jerusalén para tratar asuntos doctrinales. Hoy podrían actuar de manera similar para establecer la armonía doctrinal en la Palabra de Dios y la unidad entre ellos. No estoy seguro de cuán lejos llegará esta armonía, pero veo una apertura animada entre varios campos teológicos hoy que espero serán ayudadas con el surgimiento de los apóstoles. Esto contribuiría sin duda a la "unidad de la fe" de la que habló Pablo como que era tan vital en la Iglesia (ver Efesios 4:13).

Los apóstoles hacen decretos (Hechos 16:4)

Una vez que los apóstoles y los ancianos alcanzaron un consenso en Jerusalén, enviaron decretos. Estos eran ordenanzas específicas (literalmente dogmas) relativos a la Iglesia y a sus miembros. Cuando los apóstoles imparten orden, este se comunica a través del uso de decretos.

También vemos decretos trabajando a menor escala. Por ejemplo, en la red apostólica de la cual soy parte, a veces surgen problemas en las iglesias con respecto a asuntos como dinero, decisiones o doctrina. Cuando ocurre algo que la iglesia local no puede resolver por sí sola, nuestra red envia a un apóstol que tomará una decisión obligatoria o un decreto después de escuchar todo el asunto. Todo involucrado está obligado a fluir con esta decisión para que el progreso en la Iglesia pueda continuar. En cualquier caso, es claro que en el ministerio, las decisiones con frecuencia necesitan tomarse, y algunas veces deben tomarlas los apóstoles.

Los apóstoles establecen a los diáconos y ancianos en sus oficios (Hechos 6:1-4, 6; 14:23)

La Escritura ve la ordenación para el ministerio como algo de suma importancia. Los apóstoles iniciaban tales ocasiones y estaban listos para ellas, poseyendo la autoridad de parte de Dios para impartir liberación para el servicio y reconocimiento por parte de Dios a las vidas de esos seleccionados especiales.

Los apóstoles delegaban autoridad a los líderes "subapostólicos"

La naturaleza del ministerio apostólico necesitaba supervisores locales (tales como pastores y ancianos) para ser asignados al frente de la obra de Dios. El apóstol Pablo ordenó a un supervisor llamado Timoteo, y aparentemente lo encargó de la supervisión de varias iglesias. Muchos creen que estos hombres eran reconocidos con el título de "obispos" por la supervisión de múltiples congregaciones. Evidentemente tal responsabilidad era una fuente perfecta de entrenamiento para ellos a medida que se convertían en apóstoles, como lo hizo Timoteo más tarde.

A medida que la Iglesia se aproxima a la dimensión apostólica, debemos investigar los principios que guiaron a los apóstoles del primer siglo y que se repiten en el nuestro. Debemos estar dispuestos como movimiento a practicar los principios de *cooperación interdependiente, sumisión voluntaria, autonomía local* y *responsabilidad mutua*. Las casas apostólicas completas deben cooperar con sus padres apostólicos de una manera equilibrada y escritural.

RESUMEN

Dondequiera que la autoridad ocupe su posición, la gente debe someterse unos a otros en un espíritu de amor y unidad (Efesios 5:21). La iglesia local debe permanecer fuerte e independiente, aunque receptiva por completo a la guía y la influencia del apóstol. Y los padres deben reunirse en verdadera relación y apertura, sosteniéndose unos a otros como responsables de la Palabra y al Espíritu de Cristo por el bien de su pueblo. A medida que esto se logre, la obra de Dios avanzará entre las naciones de una manera equilibrada y a salvo, y la unidad se extenderá entre los líderes de diversos trasfondos y perspectivas.

Desde ese profético día cuando dos jóvenes apóstoles se aproximaron a Jesús con sus peticiones de posición y autoridad, el papel del apóstol relativo a este asunto ha sido explorado, aclarado y practicado. Estos dos hombres aprendieron acerca de la autoridad espiritual, pero siguieron para descubrir el poder espiritual. A medida que la Iglesia avanza, necesitaremos tener en consideración las mismas lecciones para que también podamos avanzar y experimentar el *poder sobrenatural*.

Notas

1. El autor reconoce que la tradición de la Iglesia Católica Romana enseña que Mateo 16:18 era el nombramiento oficial de Pedro como apóstol líder de la iglesia, finalmente reconocido por ellos como el primer papa. Los protestantes, sin embargo, no aceptan este punto de vista, viendo en su lugar la afirmación de fe de Pedro (Mateo 16:16) como la "roca" sobre la que Cristo edificaría su iglesia.
2. Christian Equippers Internacional, *The Master Builder*, 1985, p. 147.
3. Roland Allen, *Missionary Methods, St. Paul's or Ours?*, Eerdmans, Grand Rapids, 1962, p. 12.
4. William Steuart McBirnie, *The Search for the Twelve Apostles*, Wheaton, IL, 1978, p. 43.

LOS APÓSTOLES Y EL PODER SOBRENATURAL

EN EL CAPÍTULO ANTERIOR DISCUTÍ EL TEMA DE LA AUTORIDAD apostólica; ahora enfocaremos nuestra atención en el poder apostólico. Si la autoridad puede entenderse como el *derecho* a actuar, el poder puede verse como la *habilidad* para actuar. Para los apóstoles, ambos conceptos son importantes. Un elemento sin el otro está incompleto: Poseer poder espiritual alejado de los confines de la autoridad de Dios tiene debilidades ocultas, y la autoridad sin poder es inadecuada para dirigir las fuerzas que se oponen a la obra de Dios. Debemos observar este importante equilibrio de poder y autoridad a medida que la Iglesia abraza el movimiento apostólico.

La demostración de verdadero poder sobrenatural es uno de los aspectos más emocionantes del ministerio apostolar y del movimiento apostólico completo. La promesa divina de restaurar todas las cosas antes del regreso de Cristo, con seguridad incluye restaurar este ingrediente a toda la Iglesia en toda su plenitud (ver Hechos 3:19-21).

Ciertamente, los apóstoles no sólo son ministros que Dios ha llamado a ser sobrenaturales. Todavía, a medida que leo el libro de los Hechos, me impacta la frecuencia y magnitud de los milagros y demostraciones del poder de Dios a través de la vida de los apóstoles Pedro, Juan y Pablo. El poder divino era una experiencia continua para ellos. "Y por mano de los apóstoles se hacían muchas señales

y prodigios en el pueblo" (Hechos 5:12). Uno tiene la sensación de
que el ministerio apostólico apropiado no debe ser separado del milagroso poder de Dios. Nos acercamos a un tiempo cuando veremos la
plenitud del ese poder sobrenatural gloriosamente manifestado en los
apóstoles y en todo el Cuerpo de Cristo.

Poder necesitado, poder prometido

Jesús les habló a los apóstoles acerca de un poder espiritual que sería
impartido y que guiaría la evangelización del mundo. Hechos 1:8
afirma: "Pero recibiréis poder cuando haya venido sobre vosotros
el Espíritu Santo, y me seréis testigos en Jerusalén, en toda Judea,
en Samaria y hasta lo último de la tierra". Tal poder sería imperativo frente a una tarea tan asombrosa. En efecto, estas palabras se
cumplieron en la vida de aquellos grandes apóstoles a quienes Cristo
habló.

El poder del Espíritu Santo será la corriente que dé al movimiento
apostólico emergente su intensidad. Como en la primera ola apostólica, esta de hoy se levantará en obediencia a la orden del Espíritu de
Dios. Este poder debería ser evidente en las vidas de los apóstoles del
tiempo presente. Aunque tener un ministerio de milagros no com-
prueba que una persona es apóstol, en ninguna parte de la Escritura
se confirma que el ministerio apostólico sea algo menos que sobrenatural. Ya hemos visto que después de la paciencia, las señales, las
maravillas y los prodigios son las marcas autentificadoras sobre la
piedra de toque del apostolado (ver 2 Corintios 12:12). La idea de los
apóstoles sin unción sobrenatural se queda corta ante la imagen de
ministerio apostólico esbozada en el Nuevo Testamento.

Fallas del poder moderno

Aquellos que se oponen a los dones carismáticos y al poder milagroso
del Espíritu sin duda se molestarán en este punto. En el presente, una
tendencia lamentable está ocurriendo en el Cuerpo de Cristo al pola-
rizarse acerca del asunto del poder sobrenatural de Dios. Los opo-
nentes del ministerio del Espíritu parecen reconocer que el oficio
apostólico lleva consigo la demostración del poder de Dios. Ellos
parecen afirmar que las señales y maravillas cesaron con la muerte
de los apóstoles del primer siglo y, dado que no hay más apóstoles en
el Cuerpo de Cristo, cualquier operación sobrenatural es sospechosa.
Esta visión deja a la Iglesia en un punto muerto, incapaz de avanzar
con el poder sobrenatural.

Los que nos identificamos tanto con el ministerio de los apóstoles actuales y con las señales y maravillas tenemos algunas razones para creerlo así. Aunque el propósito de este trabajo está menos interesado en convencer a los críticos que a los creyentes inspirados, un breve resumen puede ser útil.

EL CORAZÓN DE DIOS

Las señales y maravillas brindan una poderosa expresión del amor de Dios por la gente. A lo largo de la Escritura, lo vemos capacitando a sus siervos para ejecutar obras milagrosas con el fin de que su pueblo sea sanado, liberado y animado. Este flujo de poder sobrenatural siempre sigue al amor de Dios. En el Antiguo Testamento (un pacto inferior al Nuevo), Moisés empleó milagros al liberar a Israel de las ataduras egipcias. Dios escuchó sus gemidos y fue movido a compasión para liberarlos con poder (ver Éxodo 2:23-25). El profeta Elías mostró el corazón de compasión de Dios cuando este levantó de la muerte al hijo de una viuda mediante el poder milagroso de Dios (ver 1 Reyes 17:21-24). Docenas de otros milagros y señales ocurrieron.

En el Nuevo Testamento, Jesucristo mostró el corazón de Dios diariamente a través de sanidades, resurrecciones, liberaciones y provisión para el necesitado. Es más, claramente instruyó a los apóstoles a hacer lo mismo. ¿Qué es la Biblia sino el registro del poder sobrenatural de Dios fluyendo a través de su pueblo para demostrar su naturaleza de amor y compasión? Nada ha cambiado en el carácter de Dios: Él todavía es compasivo, amante y generoso, y todavía sana, liberta y provee mediante el poder sobrenatural para sus siervos escogidos.

¡Cuán trágico es que la Iglesia ha operado por tanto tiempo con tan poco poder milagroso! Como los apóstoles, en la primera parte de sus ministerios, se nos ha dado autoridad, pero nos ha faltado poder. Aunque Jesús les dio a los Doce toda autoridad (ver Marcos 6:7), los apóstoles fueron incapaces en cierto punto de echar fuera un espíritu demoníaco que estaba oprimiendo lamentablemente a un niño. Aunque tenían *autoridad* espiritual, les faltaba el *poder* espiritual. Cuando el padre del niño se acercó a Jesús y reportó la falla de los apóstoles, Jesús con agudeza los corrigió por su falta de fe y procedió a liberar al niño (ver Marcos 9:14-29).

Verdaderamente el mundo está esperando que la Iglesia se levante con este tipo de poder para vencer sus opresiones. Estoy convencido de que mientras el mundo es llevado a más y más poderes y experiencias ocultas, la gente no escuchará a una iglesia sin poder. Es cierto que el propio Jesús, que corrigió e instruyó a sus discípulos ese día, quiere que obtengamos el poder necesario para liberar al cautivo y sanar al enfermo.

Gloriosamente, Dios está revelando su poder espiritual a través de su pueblo en nuestros días. Estamos comenzando a entender nuestra autoridad y el poder de nuestra fe. Estamos empezando a explotar los recursos ocultos de la oración y el ayuno. La necesidad de compasión e intercesión está siendo desenterrada por aquellos que buscan poder espiritual en sus ministerios. Aunque pocos están experimentando esta dimensión divina a plenitud, millones de personas han saboreado las primicias de una unción mayor que Dios ha prometido derramar en los últimos días. A medida que absorbemos estas verdades y unciones, Dios está comenzando a restaurar el espíritu apostólico al Cuerpo de Cristo.

PODER DESDE LA INTIMIDAD

Antes de ver los tipos de poder en los que operan los apóstoles, debemos considerar dónde se originan. Claramente, el poder sobrenatural, que viene de Dios a través del Espíritu Santo, mora en el creyente. ¿Cómo se hace operativo ese poder en el ministerio?

Los apóstoles neotestamentarios experimentaron el poder de Dios en sus vidas porque tenían intimidad con Dios. Estaban involucrados constantemente en la oración y la adoración. Oraron en el aposento alto (ver Hechos 1:14) y en el templo (ver 3:1). Oraron en medio de la persecución, pidiendo gran vigor (ver 4:24-30). Oraron por la ordenación de diáconos y ancianos (ver 6:6; 14:23). Se reunieron en Antioquía largos períodos de tiempo ministrando al Señor (ver 13:1-3). Alabaron a Dios en los peores momentos de sus vidas (ver 16:25). Hicieron su prioridad pasar tiempo desarrollando su intimidad, diciéndoles a todos: "Y nosotros persistiremos en la oración y en el ministerio de la palabra" (6:4).

Esta clase de intimidad con Dios permeó sus ministerios con una unción tangible. La gente fue capaz de ver el amor y poder de Jesús brillando a través de ellos: mientras predicaban, sus caras reflejaban un poder que fluía de la presencia de Dios: "Entonces viendo el denuedo de Pedro y de Juan… se maravillaban; y les reconocían que habían estado con Jesús" (4:13). Estar en la presencia de Jesús era la clave del poder que los apóstoles experimentaron.

A ellos no se les ha dado ninguna otra fuente de poder que la que viene a través de la intimidad con Cristo. Cindy Jacobs pronostica una combinación creciente de los dones apostólicos e intercesores en nuestra década, lo que presumiblemente signifique que el movimiento apostólico y el movimiento de oración a nivel mundial se sinergizarán.[1] Esto es esencial para el movimiento apostólico debido a la elevada intimidad con Dios que resultará. Las claves para el poder en el movimiento apostólico emergente serán la oración, la alabanza y la adoración, actividades que nos envuelven en su presencia. La relación íntima con Cristo es la base fundamental para las manifestaciones modernas de poder sobrenatural.

SIETE MANIFESTACIONES DE PODER APOSTÓLICO SOBRENATURAL

¿Qué poderes sobrenaturales demuestran los apóstoles? ¿En qué forma se manifiesta el poder de Dios en la vida de un apóstol? Un estudio del Nuevo Testamento revela al menos siete poderes sobrenaturales en los que se han movido los apóstoles.

1. Los apóstoles atraen grandes audiencias de manera sobrenatural

Muchos ministerios importantes en el Cuerpo de Cristo son referidos como "ministerios escondidos" porque pocos ven alguna vez el trabajo y el sacrificio implicado en ellos. Los intercesores, por ejemplo, rara vez reciben crédito por sus horas de ministerio. Estos tipos de ministerios son esenciales y honrosos en la obra del reino.

El ministerio del apostolado, por otra parte, es muy público. Por lo general los apóstoles no están quietos y casi nunca trabajan tras bastidores. Sus papeles implican laborar con grandes cantidades de personas, sean salvas o no. Esto no quiere decir que atraigan *continuamente* audiencias masivas, porque eso no sería verdad. El hecho es que la unción sobrenatural del apóstol, en el escenario correcto, atraerá con frecuencia grandes grupos de personas.

En Pentecostés, después del derramamiento del Espíritu y del subsiguiente sermón del apóstol Pedro, un grupo de 3,000 fue salvo (ver Hechos 2:41). En Antioquía, casi toda la ciudad vino a escuchar a los apóstoles Pablo y Bernabé (ver 13:44). Más de dos docenas de veces en Hechos, Lucas se refiere a una multitud que se reúne en conexión con el ministerio de un apóstol.

En la vasta mayoría de los casos en los que se reunían multitudes ante los apóstoles, se debía a una demostración de poder sobrenatural. En términos sencillos: *los milagros atraen multitudes*. No hay nada como una demostración de poder divino para juntar gente que de otra manera estarían desinteresadas en una presentación del evangelio. ¡Qué herramienta fue esto para los apóstoles! Es la que se necesita en el ministerio hoy. No asombra que Lucas reportara: "Y con gran poder los apóstoles daban testimonio de la resurrección del Señor Jesús, y abundante gracia era sobre ellos" (4:33).

2. Dios usa a los apóstoles para impartir sobrenaturalmente a través de la imposición de manos

Más allá de su habilidad para atraer grandes audiencias no salvadas, los apóstoles son revelados en el Nuevo Testamento como hombres que imponían sus manos sobre la gente para obtener resultados sobrenaturales. Pablo anhelaba visitar la iglesia en Roma diciendo: "Porque deseo veros, para comunicaros algún don espiritual, a fin de que seáis confirmados" (Romanos 1:11). El libro de los Hechos registra tres ejemplos significativos de esto.

En Hechos 8, después que el alcance del samaritano de Filipos produjo varios convertidos, los apóstoles Pedro y Juan colocaron sus manos sobre ellos e impartieron el don divino del Espíritu Santo. ¡Este poder fue tan impresionante para el recién convertido Simón que intentó comprarlo y encontró una fuerte represión por parte de Pedro! En Hechos 19, el apóstol Pablo colocó sus manos sobre los doce discípulos en Éfeso y estos hablaron en lenguas y se movieron en el espíritu de profecía. La impartición sobrenatural del Espíritu Santo y una activación real de la profecía aparecieron a través de la imposición de las manos de los apóstoles. En Hechos 28, las manos de Pablo fueron impuestas sobre el padre de Publio en la isla de Malta y su fiebre y sangramiento se detuvieron. Muchas conversiones a Cristo siguieron a esta transferencia de poder sobrenatural y, por supuesto, los apóstoles siempre le dieron crédito a Dios como la fuente de ese poder.

La imposición de manos es prominente a lo largo del Nuevo Testamento. Siempre habla de la impartición de poder sobrenatural. Jesús impuso susmanos a menudo sobre las personas para bendecirlas y sanarlas (ver Lucas 4:40; 13:13) y dirigió a sus discípulos a hacer lo mismo hasta que la Gran Comisión se completara (ver Marcos 16:18). La imposición de manos fue una doctrina fundamental en la Iglesia Primitiva igual que el arrepentimiento y la resurrección (ver Hebreos 6:1,2). Sobre todo en los escritos de Pablo a Timoteo, la imposición de manos es vista como un medio de impartir dones espirituales sobrenaturalmente (ver 1 Timoteo 4:14; 5:22; 2 Timoteo 1:6).

El siglo veinte ha visto una restauración de la práctica de la imposición de manos para bendición, sanidad, liberación ordenación e impartición dentro de la Iglesia. Es una práctica que se necesita hoy. Mientras los beneficios de este tipo de ministerio continúen promoviéndose en el pueblo de Dios, la renovación del oficio de apóstol será fortalecida y los aspectos sobrenaturales del ministerio aumentarán.

3. Los apóstoles poseen un espíritu de revelación sobrenatural
Los apóstoles en la Escritura también experimentaron la manifestación sobrenatural del espíritu de revelación. Junto con este poder, recibieron la verdad de parte de Dios, la liberaron entre los santos y los enseñaron a experimentarla por sí mismos.

Pablo habló cándidamente acerca del lugar y propósitos de las revelaciones en su ministerio.

> Ciertamente no me conviene gloriarme; pero vendré *a las visiones y a las revelaciones del Señor.* Conozco a un hombre en Cristo, que hace catorce años (si en el cuerpo no lo sé; si fuera del cuerpo, no lo sé; Dios lo sabe) fue arrebatado hasta el tercer cielo. Y conozco al tal hombre (si en el cuerpo, o fuera del cuerpo, no lo sé; Dios lo sabe), que fue arrebatado al paraíso, donde oyó palabras inefables que no le es dado al hombre expresar. De tal hombre me gloriaré; pero de mí mismo en nada me gloriaré, sino en mis debilidades. Sin embargo, si quisiera gloriarme, no sería insensato, porque diría la verdad; pero lo dejo, para que nadie piense de mí más de lo que en mí ve, u oye de mí. Y para que *la grandeza de las revelaciones* no me exaltase desmedidamente, me fue dado un aguijón en mi carne, un mensajero de Satanás que me abofetee, para que no me enaltezca sobremanera (2 Corintios 12: 1-7, énfasis mío).

Pablo también cita este fluir sobrenatural de conocimiento como una fuente para muchas de sus enseñanzas cuando afirma: "Porque yo recibí del Señor lo que también os he enseñado" (1 Corintios 11:23).

Esta unción reveladora se manifestó en los apóstoles en varias formas: Visiones experimentadas por ellos (ver Hechos 10:9-22; 18:9, 10; 2 Corintios 12:1; el libro completo de Apocalipsis). Pedro tenía una *palabra de conocimiento* acerca de Ananías y Safira (ver Hechos 5:3) y otra acerca de tres hombres que estaban abajo mientras él dormía en el piso superior en Jope (ver 10:19, 20). Es claro que muchos apóstoles también se movieron ocasionalmente en los dones proféticos sobrenaturales (ver 1 Timoteo 1:18; 2 Timoteo 1:6).

En esta conexión es inspirador observar que aunque los profetas son responsables de la mayoría de los escritos del Antiguo Testamento, los apóstoles fueron los vehículos del Espíritu Santo para escribir la mayoría de las Escrituras neotestamentarias. Esto se debe a su habilidad para recibir revelaciones del Espíritu de Dios. Esta misma unción ayudó a los apóstoles a interpretar y a aplicar las Escrituras veterotestamentarias a los acontecimientos contemporáneos (ver Hechos 2:17, 25, 41; 3:18, 22-26; 13:15-23, 15:15). El esfuerzo combinado de los profetas del Antiguo Testamento y los apóstoles del Nuevo para crear las Escrituras redactadas (que son la base de toda nuestra fe y prácticas) puede ser lo que Pablo aludió cuando habló acerca de la Iglesia como edificada sobre el fundamento de los apóstoles y los profetas (ver Efesios 2:20). Ciertamente los apóstoles y los profetas son notables por sus habilidades revelatorias (ver 3:5).

Esta experiencia receptora de revelación fue vista por Pablo como deseable para todo creyente. Efesios 1:15-23 registra una oración de Pablo por los creyentes efesios para que fueran llenos con *un espíritu de revelación*. Y enseñó que los creyentes podrían recibir revelaciones personales: "¿Qué hay, pues, hermanos? Cuando os reunís, *cada uno de vosotros* tiene salmo, tiene doctrina, tiene lengua, *tiene revelación*, tiene interpretación. *Hágase todo* para edificación" (1 Corintios 14:26, énfasis mío).

Pablo instruyó a los creyentes que algunos pueden, en efecto, hablar por revelación: "Ahora, pues, hermanos si yo voy a vosotros hablando en lenguas, ¿qué os aprovechará, si no os *hablare con revelación* o con ciencia, o con profecía, o con doctrina?" (1 Corintios 14:6, énfasis mío).

Sea que los apóstoles recibieran revelación de varias maneras, comunicando lo que habían recibido o enseñando a los creyentes a experimentar lo mismo, una cosa está clara. Los apóstoles en la Biblia se movían mediante la revelación sobrenatural del Espíritu Santo, y dependían de ello para su éxito en el ministerio. Aunque el canon de la Escritura es inmutable y completo y los apóstoles de hoy no están autorizados para escribir sus revelaciones en forma de Escrituras, como su contraparte los profetas, están sin embargo autorizados por modelaje y ejemplo de los apóstoles del primer siglo para recibir revelaciones sobrenaturales si son congruentes con las Escrituras.

4. Los apóstoles ejercitan órdenes sobrenaturales sobre la enfermedad

La Escritura revela un patrón claro de los apóstoles tratando exitosamente con la enfermedad y la debilidad a través de poder sobrenatural. Eso no sorprende dado su ejemplo en el gran Apóstol Jesús, que modeló su práctica y les enseñó a repetirla. El libro de los Hechos está lleno de momentos en que los apóstoles ordenaron poder sobrenatural sobre la enfermedad y lograron resultados sorprendentes para el reino.

Pedro y Juan sanaron a un hombre lisiado en la Puerta de la Hermosa, y la ciudad de Jerusalén fue revolucionada (ver Hechos 3:1). Un hombre que había estado en cama por ocho años fue sanado instantáneamente por Pedro en Lida, y la Biblia dice que aquellos que habitaban allí se volvieron todos al Señor como resultado (ver 9:32-35). Los apóstoles se quedaron en Iconia por una temporada: "Por tanto, se detuvieron allí mucho tiempo, hablando con denuedo, confiados en el Señor, el cual daba testimonio a la palabra de su gracia, concediendo que se hiciesen por las manos de ellos señales y prodigios" (Hechos 14:3). Más tarde cuando llegaron a Listra, un hombre cojo que nunca había caminado fue sanado milagrosamente a través de una sencilla orden de fe (ver vv. 6-10). Los nativos estaban tan asombrados por la demostración de poder sobrenatural que intentaron adorar a Pablo y Bernabé como a dioses. Algunas veces se ejecutaban milagros inusuales a través de los apóstoles, tales como gente sanada por la sombra de Pedro (ver 5:15, 16) y por pañuelos del cuerpo de Pablo que se enviaban a distancias.

¿Cuál es el valor de tales demostraciones del poder de Dios? Principalmente ayudar a los apóstoles en sus tareas de evangelización masiva revelando el amor de Dios de manera práctica. Como señala Roland Allen: "Los milagros eran ilustraciones del carácter de la nueva religión. Eran sermones en acción. Ellos exponían en términos inequívocos dos de sus doctrinas fundamentales: la caridad y la salvación; de la libertad de la atadura del pecado y del poder del diablo".[2]

Pablo y Bernabé estaban prestos a usar su poder sobrenatural como herramienta para ganar gente para Cristo (ver 14:12). A casi todos los casos, en los que sucedían milagros realizados por los apóstoles, les seguían conversiones masivas. El poder sobrenatural ayuda a confirmar y a autenticar el ministerio de un apóstol. Sorpresivamente, muchos se oponen a tal poder hoy en la Iglesia. Quizás si lo tuviéramos en más abundante operación tendríamos los mismos resultados que los apóstoles.

5. Los apóstoles comprueban el poder sobrenatural sobre los demonios

Sólo en el libro de los Hechos, encontramos varios momentos iluminadores en que los apóstoles ejercieron poder para echar fuera malos espíritus:

> Y aun de las ciudades vecinas muchos venían a Jerusalén, trayendo enfermos y atormentados de *espíritus inmundos*; y *todos eran sanados* (5:16, énfasis mío).

> Porque de muchos que *tenían espíritus inmundos*, salían éstos dando grandes voces; y muchos paralíticos y cojos eran *sanados* (8:7, énfasis mío).

> Aconteció que mientras íbamos a la oración, nos salió al encuentro una muchacha *que tenía espíritu de adivinación*, la cual daba gran ganancia a sus amos, adivinando. Esta, siguiendo a Pablo y a nosotros, daba voces, diciendo: Estos hombres son siervos del Dios Altísimo, quienes os anuncian el camino de salvación. Y esto lo hacía por muchos días; mas desagradando a Pablo, éste se volvió y dijo al espíritu: Te mando en el nombre de Jesucristo, que salgas de ella. *Y salió en aquella misma hora* (16:16-18, énfasis mío).

> De tal manera que aun se llevaban a los enfermos los paños o delantales de su cuerpo, y las enfermedades se iban de ellos, y *los espíritus malos salían* (19:12, énfasis mío).

Los tremendos resultados de estos encuentros incluían sanidad física y conversiones dramáticas. Cada resultado es coherente con el ministerio de apóstol—cambiar vidas según el modelo del Apóstol Jesús—, y mediante ello establecer la credibilidad y autenticidad del reino.

En el movimiento apostólico emergente, podemos esperar que los tipos de choques titánicos que vemos en el libro de los Hechos entre la compañía de los apóstoles y los poderes demoníacos se manifiesten otra vez. Los apóstoles serán atacados por las tinieblas, y responderán con unción apostólica y poder. Es probable que en los Estados Unidos y en otras culturas occidentales los espíritus malignos que manejan el creciente movimiento de la Nueva Era serán los más amenazados y reactivos al ministerio apostólico porque parecen estar intentando dominar el panorama espiritual. En las culturas orientales, pueden surgir otros tipos de batallas.

Dondequiera que penetre el movimiento apostólico, los apóstoles tendrán que identificar y superar a los poderes demoníacos. Por ejemplo, si un equipo de apóstoles es enviado a África, probablemente lucharán con los espíritus territoriales de hechicería, asesinato e idolatría. Finalmente, los apóstoles y sus intercesores confrontarán los espíritus malignos tras del islam y el budismo en guerra territorial por las almas de los habitantes de esas regiones que han sido cautivos por cientos de años. Esto requerirá la autoridad y el poder de la compañía apostólica para desalojar muchos de los espíritus territoriales que rigen sobre varias regiones del mundo. Tales espíritus malignos serán aplastados bajo los pies de los apóstoles porque a ellos Jesús les otorgó poder (ver Lucas 10:19).

6. Los apóstoles desatan juicios sobrenaturales contra la maldad

Entre las manifestaciones más importantes del poder sobrenatural en la Biblia están dos momentos en los cuales el juicio divino fue desatado contra el pecado a través de los apóstoles. Los primeros de estos vivieron en un día no demasiado diferente a los nuestros. El pecado era evidente en cada forma, tanto entre los salvados como entre los perdidos. Cuando estos hombres de poder fueron confrontados con el pecado que retaba a Dios y tuvieron que responder sobrenaturalmente, lo hicieron con demostraciones de poder y juicio asombrosas y, en cierta manera, perturbadoras.

En Hechos 5, Ananías y su esposa Safira, fueron muertos sobrenaturalmente por Dios mientras el apóstol Pedro presidía sobre su caso. Otros creyentes vendieron sus posesiones y volcaron todas las ganancias sobre los apóstoles, pero Ananías y Safira entregaron sólo una porción, pretendiendo que eso era todo lo que tenían. Pedro mostró una palabra afable de conocimiento y descubrió su pecado. Y profetizó con precisión sus muertes, convirtiéndose tanto en canal como en intérprete del juicio divino. Este decreto soberano contra el pecado fue necesario para asegurar que la integridad del pueblo de Dios sería preservada a través de una crítica temporada fundamental en la nueva iglesia en formación.

En otra ocasión, el apóstol Pablo pronunció el juicio divino contra un mago malvado llamado Elimas (ver Hechos 13:8-11). Cuando el apóstol guió al procónsul Sergio Paulo a Cristo, el mago judío y falso profeta también conocido como Bar-Jesús intentó apartarlo de la fe. Tan malvado e insidioso fue su esfuerzo que Pablo proféticamente pronunció juicio contra él, e inmediatamente quedó ciego por una temporada. Ciertos pecados son tan atroces que Dios trae juicio inmediato. En al menos dos casos, Dios utilizó a un apóstol para decretar sus juicios soberanos sobre el pecado.

7. Los apóstoles manifiestan poder sobrenatural para resucitar

Aunque los apóstoles no estaban exentos de enfermedad ni muerte, manifestaban un grado medible de poder milagroso sobre ellos. Ya hemos visto que a menudo tenían poder para sanar enfermos en el ministerio apostólico. Que se movieran también bajo el poder para levantar a los muertos con frecuencia también es pasado por alto.

No todo apóstol en el Nuevo Testamento es registrado como que resucitaba muertos. No podemos ignorar el hecho, sin embargo, que tanto Pablo como Pedro levantaron personas de la muerte. Jesús hizo eso y había instruido a los apóstoles a hacer lo mismo, diciendo: "Sanad enfermos, limpiad leprosos, *resucitad muertos*, echad fuera demonios; de gracia recibisteis, dad de gracia" (Mateo 10:8, énfasis mío). Claramente Cristo vio la habilidad de resucitar gente como una de las marcas del ministerio auténtico (ver 11:5). En Hechos 9:36-42, Dorcas fue sobrenaturalmente levantada de los muertos y restaurada al pueblo que la amaba. Muchos reportes de estas clases de milagros llegan de los campos misioneros, y personalmente creo que escucharemos mucho más de este tipo de poder.

Cómo aumentar nuestra fe

Necesitamos mantener algo en mente a medida que consideramos estas siete áreas básicas en las que los apóstoles mostraron poder en la Escritura. Debemos recordar que la diversidad del llamado apostólico nos previene de apretar a los apóstoles en un molde rígido que diga: "Si no manifiestas un tipo particular de poder, no eres apóstol".

Tal posición sería tonta. Una persona puede plantar iglesias, criar hijos espirituales y pasar su vida en suelo extranjero, y aun así carecer de algunas de las manifestaciones que he incluido aquí. Necesitamos tener cuidado de no implicar que tal persona no es apóstol. Aparte de los ejemplos de apóstoles provistos en la Escritura, no conozco a nadie que haya experimentado todas estas siete manifestaciones. Lo que constituye a un apóstol es más un asunto de carácter y llamado que de carisma.

Aun así no deberíamos presumir abreviando el claro patrón espiritual del poder apostólico. Al contrario, deberíamos pedirle al Señor que aumente nuestra fe, tal como hicieron los apóstoles (ver Lucas 17:5). Hemos visto que ellos operan sobrenaturalmente para atraer grandes multitudes y producir conversiones en masa. Ellos poseen los poderes de la impartición espiritual. Se mueven en el espíritu de revelación y operan con poder sobre la enfermedad, los demonios y la muerte. Ellos son sobrenaturales porque están llenos de, y siguiendo a, un Dios sobrenatural.

Ciertamente es un reto para los muchos miles de apóstoles que Dios está llamando en esta hora. La fe corporativa del pueblo de Dios necesita ser ampliada para abarcar *todas* las manifestaciones del poder sobrenatural divino como se revela en el apóstol. Estos poderes no vendrán sin costo, pero son una parte irremplazable del ministerio apostólico, y deben estar presentes en la Iglesia durante esta renovación actual. Cuando estén presentes, estaremos en nuestro camino al levantamiento de poderosas y progresistas *iglesias apostólicas*.

Notas

1. Cindy Jacobs, *Possessing the Gates of the Enemy*, Chosen Books, Grand Rapids, 1991, p. 86.
2. Roland Allen, *Missionary Methods, St. Paul's or Ours?*, Eerdmans, Grand Rapids, 1962, p. 45.

13

PATRONES PARA IGLESIAS APOSTÓLICAS

ADONDEQUIERA QUE VEAS, SE ESTÁ IMPULSANDO OTRO PROGRAMA como la clave del futuro de la Iglesia. Se están escribiendo libros y haciendo seminarios por toda la nación para iniciar a pastores y a líderes eclesiales en las asociaciones que están al día acerca de los últimos métodos para el crecimiento y el éxito. Por miles, líderes hambrientos y a menudo desanimados pagan el precio y escuchan a los expertos describir algo nuevo y revolucionario.

Esto puede llevar a un síndrome que llamo *agotamiento de los seminarios de éxito*. El líder se emociona en un seminario y cambia las cosas en su iglesia para conformarse a lo que le enseñaron. Luego asiste a otro seminario y desaprende algo de lo que aprendió en el último evento, a la vez que añade otras técnicas a su repertorio. Pronto otro emocionante seminario sale y el ciclo se repite. Cada vez que esto ocurre, el líder puede quedar más confundido y desanimado, y la congregación escéptica y resistente al cambio. Después de haber gastado una gran cantidad de tiempo y dinero que produjo poco resultado, el líder puede llegar a estar agotado y no ser más receptivo a *cualquier* nuevo insumo. Las leyes de la degeneración comienzan a operar y él es dejado en un estado peor que cuando comenzó el ciclo.

Patrones equivocados, resultados pobres

Si el líder queda confundido, no es para asombrarse. Algunos seminarios enseñan que el liderazgo dinámico es la clave del crecimiento; otros dicen que los líderes deben ser discretos. Unos enfatizan que centralizar y multiplicar los ministerios bajo un techo tal como un centro comercial es la clave para atraer gente. Otros enseñan que descentralizar a través de múltiples células es el camino a seguir. Aun otros predican poderosos mensajes para cristianos tibios a fin de incitarlos a la acción mientras que otros suavizan el mensaje y oran para ser sensibles a los perdidos que pueden estar presentes. ¡Unos implican que los pastores son innecesarios! Las contradicciones en el área del crecimiento eclesial y las historias de éxito ministerial son asombrosas.

Aun un examen exhaustivo de algunas de esas iglesias que parecen modelos de crecimiento revela con frecuencia que sus éxitos son superficiales. Los expertos en iglecrecimiento nos dicen que en el todo, la iglesia estadounidense no está creciendo realmente. Por cada historia exitosa de crecimiento, muchas otras hablan de iglesias que pierden miembros que se van a llenar otras congregaciones. La mayoría del crecimiento de hoy se debe a la transferencia y, hasta la fecha, no ha ocurrido una reactivación de almas siendo salvadas. Gloriosamente, un mover real del Espíritu de Dios está sucediendo en otras naciones como Corea, Argentina y Brasil, principalmente porque están siguiendo el patrón bíblico del crecimiento. Haríamos mejor estudiando las iglesias fuera de Estados Unidos para hallar las claves del crecimiento real, es decir, por conversión.

Más que cualquier cosa, los pastores hoy necesitan mirar directamente a Dios para hallar respuestas. Los patrones erróneos que hemos aceptado han producido resultados decepcionantes. Escucho un grito en el corazón de los líderes de hoy que clama: "Queremos ver a la iglesia ser Iglesia, queremos regresar al patrón de la Escritura". Un hermoso anhelo por la realidad y la verdad nace de esta frustración. Dios puede comenzar a obrar cuando los líderes terminen consigo mismos y miren a Él.

El manual del Nuevo Testamento
para el ministerio

Si en verdad queremos restaurar la Iglesia y verla alcanzando su pleno potencial, debemos regresar a los patrones del Nuevo Testamento. Cuando regresemos al *modelo* de la Iglesia Primitiva, recobraremos el *poder* de la Iglesia Primitiva.

En el movimiento apostólico que viene, la Iglesia será el vehículo que Dios utilizará para cumplir su voluntad. El Nuevo Testamento revela que la Iglesia es el instrumento de Dios y la niña de sus ojos. Él nos llama real sacerdocio (ver Apocalipsis 1:6; 5:9, 10), nación santa (ver 1 Pedro 2:5-9), el Cuerpo de Cristo (ver 1 Corintios 12:27, Colosenses 1:18), herencia de Dios (ver 1 Pedro 5:3), el templo de Dios (ver Efesios 2:20-22), la novia de Cristo (ver Efesios 5:22, 23) y su especial tesoro (ver 1 Pedro 2:5-9). Jesús ama a la Iglesia, y se dio a sí mismo completamente por su existencia (ver Efesios 5:25). Nada será nunca más grande en el corazón y el propósito de Dios que su Iglesia.

Esta ha sido imbuida por Dios con propósito y destino apostólico. Edward R. Dayton y David A. Fraser describen hábilmente la naturaleza apostólica de la Iglesia:

> Dado que su centro es un Dios dado a sí mismo, que se autorevela y que envía, la Iglesia es inherentemente misionera. Habiendo sido liberada por el poder del Espíritu, la Iglesia no puede evitar poner lo mismo a disposición de todos los pueblos de la tierra. Es como un efecto lógico enfocado en el Dios triuno y motivado para compartir su amor y compasión con todos los pueblos y en todas las edades. A menos que la naturaleza misionera de la Iglesia sea entendida, su significación y sentido están completamente oscurecidos.

> Muchos escritores han visto a la misión en el corazón de la vida eclesial; ninguno, sin embargo, más gráficamente que Emil Brunner: "La Iglesia es a la misión lo que el fuego a un incendio".[1]

La iglesia local energizada jugará un papel indispensable en el movimiento apostólico que viene. Dios está levantando una nueva generación de iglesias. Una iglesia que es novedosa aunque vieja, y fresca aunque antigua, está surgiendo hoy. Es emocionante ver lo que está sucediendo alrededor del mundo mientras las iglesias explotan bajo el poder del patrón escritural. Estas no son congregaciones movidas por un programa, sino dirigidas a un patrón. Están vivas con espíritu apostólico, enfocadas a la actividad apostólica.

MARCAS DISTINTIVAS DE UNA IGLESIA APOSTÓLICA

El pueblo apostólico reunido bajo un liderazgo y un patrón apostólicos surgirá como Iglesia apostólica y cambiará al mundo como lo hizo la Iglesia Primitiva. A manera de introducción, considera cómo son estas iglesias:

Las iglesias apostólicas son aquellas cuyo principal interés es alcanzar a toda la gente con Cristo. Tienen una pasión por ver culturas enteras abrazar a Jesús bajo su poder salvador, sanador y liberador. Su foco eliminará cualquier cosa que no esté directamente relacionada con este objetivo. Serán realmente sal y luz en la sociedad.

Las iglesias apostólicas están completamente comprometidas con el señorío de Jesús. El mensaje claro de la Iglesia Primitiva era: "Y en ningún otro hay salvación; porque no hay otro nombre bajo el cielo, dado a los hombres, en que podamos ser salvos" (Hechos 4:12). Ellos dieron todo lo que tenían para ganar al perdido y cuidar unos de otros. El libro de Hechos enfatiza el señorío de Jesús no menos de ciento diez veces y eso ocurre claramente porque esos creyentes estaban entregados por completo. El mensaje del señorío de Jesús da a las iglesias apostólicas el tipo de compromiso que se requiere para cambiar al mundo.

Las iglesias apostólicas están compuestas de miembros del Cuerpo de Cristo completamente activados. No son retenidos por ninguna sensación de división "cléricolaica". Su gente predica, enseña, sirve y profetiza de acuerdo a sus dones espirituales como miembros del Cuerpo. El modelo en Hechos muestra que los líderes y el pueblo compartían el ministerio. Toda la compañía del pueblo apostólico estará viva y funcionando sobre la tierra en el ministerio apostólico.

Las iglesias apostólicas tienen una intensa relación con el Espíritu Santo. La diferencia en las vidas de los primeros cristianos era su patrón continuo de ser llenos a plenitud con el Espíritu Santo (ver Hechos 2:4; 4:8, 31; 7:55; 11:24). Esta era una compañía de personas totalmente imbuida con poder y la presencia del Espíritu (ver 1:8, 2:15). Experimentaban poder sobrenatural porque eran profundamente consagrados a la oración, el ayuno, los dones espirituales y la fe. No sorprende, entonces, que fueran tan eficaces.

Iglesias modelo Nuevo Testamento

La única cosa que los apóstoles hicieron fue comenzar iglesias. ¿Qué efecto tuvieron ellas? ¿Qué podemos aprender estudiando las iglesias del primer movimiento apostólico? Miremos brevemente a algunas de esas primeras congregaciones y los patrones que dejaron para nosotros.

Samaria: Influenciar la ciudad. Grandes milagros se convirtieron en la clave para fundar la iglesia en Samaria bajo el diácono Felipe, a quien ya hemos visto como una persona apostólica (ver Hechos 8:1-5). Barreras sociales y raciales comenzaron a ser derrumbadas a medida que el Espíritu de Dios fluía en esa ciudad, la cual los judíos consideraban de tercer rango. El legado de la Iglesia en Samaria fue su efecto en la sociedad. Las congregaciones apostólicas se graban en las placas de sus ciudades y cambian la apariencia de las cosas para siempre.

Filipos: La importancia de las mujeres, el gozo y el dar. La primera iglesia casera fue establecida en base a un pequeño grupo de mujeres que oraban en Filipos (ver 16:6-40). Aquí otra mujer que tenía un espíritu de adivinación fue milagrosamente liberada. Cuando Pablo y Silas fueron encarcelados por las secuelas de su conversión, cantaron a medianoche y fueron liberados poderosamente. El duro carcelero que los vigilaba y su familia completa se convirtieron pronto. Esta iglesia más tarde se convirtió en un ejemplo para las otras en cuanto a apoyar el trabajo apostólico de Pablo (ver Filipenses 4:15). Las iglesias apostólicas están financieramente comprometidas con los apóstoles y su visión. Se sacrifican dando con gozo y experimentan la bendición de Dios que viene con ese sacrificio.

Tesalónica: Crecer en medio de la resistencia. Tesalónica se convirtió en una iglesia construida en medio de extrema oposición. Desde su concepción, el ministerio persuasivo de Pablo en Tesalónica tuvo oposición (ver Hechos 17:1-7; 1 Tesalonicenses 2:2). Los obstáculos no detuvieron a la Iglesia para convertirse en un gran centro ministerial, notado por los apóstoles como una iglesia modelo (ver 1 Tesalonicenses 1:1-7, 9). Las verdaderas iglesias apostólicas no fallan bajo presión, sea esta presión política, financiera o espiritual. Al contrario, crecen, como en Tesalónica, aun bajo las peores condiciones.

Berea: Construir sobre la Palabra. Aunque no sabemos mucho más acerca de ella, la iglesia establecida en Berea nos anima a todos a recibir ansiosamente la Palabra enseñada, mientras se examina cuidadosamente (ver Hechos 17:11). Los cristianos allí eran descritos como nobles, e inspiran a cada iglesia en términos de su respuesta a la Palabra de Dios. Cada obra que Dios establezca en el movimiento apostólico estará fundada y equilibrada en la Palabra de Dios. Las iglesias apostólicas no se tanto caracterizan por tendencias como por la verdad. Están llenas de la "verdad presente" (2 Pedro 1:12) que revela Dios.

Corinto: Establecer orden y santidad. La iglesia en Corinto, aunque de alguna manera famosa por sus muchos excesos, se convirtió en un lugar para que el apóstol Pablo probara y desarrollara muchas enseñanzas y experiencias esenciales. Nuestros más grandes entendimientos en la vida de la mayordomía, la santidad, el poder y la habilidad espiritual, la estructura de la Iglesia y la autoridad hunden sus raíces en el fértil suelo de Corinto. Como la de Corinto, las iglesias apostólicas no serán perfectas, pero estarán adecuadamente ordenadas y creciendo en la santidad de Dios.

Éfeso: Estructurada para el crecimiento, el orden y la longevidad. Éfeso llegó a ser un importante centro ministerial tanto para Pablo como para Juan. La iglesia allí creció en proporciones gigantescas y duró muchas décadas como eje de la actividad apostólica. Algunas estrategias estructurales y de alcance fueron modeladas por nosotros en Éfeso: la pluralidad del ancianazgo estaba bien establecida en esta iglesia (ver Hechos 20:29, 30); las reuniones en casa eran parte de la vida de la congregación (ver v. 20); el apoyo financiero del ministerio apostólico (ver Efesios 20:29-34) también era clave. Éfeso modela varias cosas importantes, especialmente la excelencia en estructura. Las iglesias apostólicas estarán bien estructuradas para el crecimiento, el orden y la longevidad.

Colosas: Triunfar sobre la herejía. La iglesia en Colosas es un monumento a la supervivencia ante la herejía penetrante. Los problemas filosóficos en Colosas (ver Colosenses 2:8), el legalismo (ver vv. 14-16), el misticismo (ver v. 18) y el ascetismo (ver vv. 20-22) casi asfixian la vida fuera de la Iglesia, pero mediante enseñanzas apropiadas y corrección apostólica, esta siguió creciendo por un largo tiempo de ministerio fructífero. Las influencias penetrantes de la Nueva Era destacan la importancia de que las iglesias apostólicas modernas se preparen para triunfar sobre la herejía y el engaño como centros de verdad dadora de vida.

Roma: Establecer nuevos centros de alcance. Puede decirse mucho acerca de la iglesia en Roma y su legado para nosotros. El espacio no permitiría una discusión completa sobre ella, pero puede decirse aquí que Roma fue una base de operación para la fe por muchas generaciones. El apóstol Pablo ansiaba visitar y tener este estratégico centro de alcance establecido (ver Romanos 1:8-11). Se convirtió en la puerta al mundo occidental para el evangelio, y permanece como legado del poderoso papel que una ciudad puede jugar en el plan de Dios para extender el evangelio a las naciones. Las iglesias apostólicas del Nuevo Testamento se parecerán a la de Roma porque alcanzarán más allá de sí mismos. La Iglesia apostólica alcanza y lleva frutos.

Aunque cada una de estas contribuyeron significativamente a la vida eclesial, dos importantes iglesias en el Nuevo Testamento influenciaron al mundo en cuanto a Dios en el ministerio apostólico: Jerusalén y Antioquía.

JERUSALÉN: EL PROTOTIPO DE LA IGLESIA APOSTÓLICA

La Iglesia tuvo sus inicios en Jerusalén. Nació allá en Pentecostés, aproximadamente el 33 d.C. A partir de casi nada, la Iglesia de Jesucristo experimentó una identidad gloriosa. Miles fueron salvos y agregados a la Iglesia en los días que siguieron a Pentecostés. Esto necesitó que las primeras prácticas organizativas de la Iglesia ocurrieran bastante rápido. Los apóstoles se reunieron en Jerusalén y tomaron muchas decisiones allí (ver Hechos 15). En todo el sentido de la palabra, la Iglesia fue iniciada y establecida en la Ciudad Santa, y se convirtió en la madre iglesia para todas las obras iniciales, y como tal la de Jerusalén se convirtió en patrón para todas las otras que siguieron.

Algunos de los patrones eclesiales más dinámicos surgieron en Jerusalén. Vemos apóstoles operando allí. Vemos un pueblo apostólico formándose vibrante y vivo con el poder de Dios. La Iglesia desarrolló cierto orden estructural y organizacional en Jerusalén.

Los patrones de Hechos 2:42 eran los más significativos. En Jerusalén "perseveraban en la doctrina de los apóstoles, en la comunión unos con otros, en el partimiento del pan y en las oraciones". Sin estos elementos esenciales en su lugar, la iglesia en Jerusalén y, de hecho, cualquier otra, no podría haber sobrevivido ni florecido. La *doctrina de los apóstoles* fue Jesucristo, el Señor levantado (ver Hechos 5:28, 42; 9:20; 15:35; 2 Juan 9). El *compañerismo* que fluía en la Iglesia Primitiva era una intimidad con Dios a través del Espíritu, no sólo un compromiso religioso (ver 1 Corintios 1:9;

2 Corintios 13:14; Filipenses 3:10). El *partimiento del pan* era una comida corriente alrededor de la mesa del Señor que significaba la redención transformadora y el perdón de Cristo fluyendo dentro de la vida de la Iglesia (ver Mateo 26:29; Marcos 14:25; Hechos 10:41). El elemento de *oración* era la fuente reconocida de todo el poder dentro de la iglesia de Jerusalén (ver Hechos 3:1; 6:4). Estos fundamentos esenciales fueron puestos en la grey de Jerusalén como un modelo para toda Iglesia.

ANTIOQUÍA: LA IGLESIA APOSTÓLICA PROGRESIVA

La Iglesia es mucho más que una organización. Es un organismo, vivo, cambiante y creciente. Más que estar congelado en el tiempo, se desarrolla y adapta a las circunstancias cambiantes mientras retiene su naturaleza y misión esencial. La iglesia en Jerusalén no puede entenderse como el patrón definitivo para todas las demás. Otras iglesias siguieron a la de Jerusalén e hicieron importantes adelantos en muchos sentidos.

Aunque la de Jerusalén era el prototipo de la Iglesia apostólica, sólo existió un poco más de tres décadas. Los romanos destruyeron la ciudad de Jerusalén en el 70 d.C., y los cristianos restantes fueron completamente dispersados. Jerusalén como iglesia no fue más un lugar central de reunión. La Iglesia tenía que dispersarse y encontrar nuevos centros de ministerio. Nada quedó de ella excepto el modelo que estaba en las mentes de las personas.

En algún punto después de Pentecostés, un innombrable grupo de discípulos llegó a Antioquía desde Jerusalén. Ellos formaron una iglesia que consistía de nuevos convertidos del judaísmo y de la sociedad en general, hasta que muchos creyentes se unieron. Cuando los apóstoles y los ancianos de Jerusalén escucharon de este fenomenal crecimiento, enviaron a Bernabé a ayudar. Este enlistó a Saulo de Tarso (no aceptado aún en Jerusalén) para ayudar con el trabajo en Antioquía.

Rápidamente, Antioquía se convirtió en el eje de actividad en las vidas de los apóstoles. Llegó a ser la base de operaciones de los apóstoles Pablo y Bernabé, en Antioquía el Espíritu Santo los ordenó y los envió. En cada uno de los tres viajes apostólicos de Pablo, Antioquía fue el punto de salida y el lugar de regreso. La iglesia allí cubrió su ministerio con oración y ayuda financiera, y sin duda se convirtió en el hogar espiritual de Pablo. Como tal, la iglesia de Antioquía fue el manantial del cual brotaron la mayoría de las congregaciones del Nuevo Testamento, y la primera obra organizada para enviar apóstoles y otros ministerios a evangelizar el mundo.

Refiriéndose a la tremenda importancia de la iglesia de Antioquía, el doctor McBirnie afirma: "El más grande misionero y evangelista que vivó alguna vez fue San Pablo. Antioquía fue su hogar base. Allí fue donde el Espíritu Santo dijo: 'Ahora sepárenme a Pablo y Bernabé y envíenlos'. La gente de la iglesia obedientemente hurgó en sus bolsillos, salió con el dinero y los envió. Pablo inició iglesias como una cuerda de perlas por toda la ruta del círculo que trazó en su primer viaje, pero las perlas guiaron de regreso a casa y se estrecharon en Antioquía".[2]

Los bellos modelos en Jerusalén se expandieron y mejoraron en Antioquía por un período de tiempo. El prototipo fue mejorado y transformado en un patrón progresivo para que las futuras iglesias lo siguieran.

Antioquía difería considerablemente de Jerusalén, que se convirtió en una iglesia misionera, como resultado de la persecución. Antioquía fue una iglesia misionera en el doble sentido de que fue fundada por misioneros y a su vez se convirtió en una base misionera para enviar el evangelio a regiones lejanas. Hasta donde se sabe, fue la primera obra en consagrarse a cumplir la última porción de la comisión de Cristo de ser testigos hasta los confines de la tierra.[3]

MODELOS PRACTICADOS EN ANTIOQUÍA

Varias cosas asombrosas acerca de Antioquía pueden citarse como razones para su tremenda influencia sobre el mundo. Jerusalén seguía siendo importante en la comunidad cristiana mundial hasta que el ejército romano destruyó la ciudad en el 70 d.C., y Pablo se reportó a los creyentes allí después de cada uno de sus viajes misioneros. La iglesia de Antioquía, no obstante, realmente determinó el modelo para el futuro.[4] Antioquía fue un centro notable de actividad apostólica, y ofreció muchos modelos utilizables hoy.[5]

Compromiso (Hechos 11:29)

Los creyentes en Antioquía eran conocidos como discípulos, significando que eran aprendices disciplinados y seguidores de Jesucristo. Ellos reconocieron a Jesús como Señor y se negaron a sí mismos, tomando sus cruces a diario (ver Lucas 9:23). Muchos de ellos dejaron las comodidades de sus propios alrededores para viajar y evangelizar para el Señor.

Gracia (v. 23)

Cuando Bernabé fue enviado a observar la fe de los creyentes, encontró una fuerte gracia sobre todos ellos. Esta iglesia no estaba infectada con el legalismo que amenazaba a las otras del primer siglo. Conocían la gracia del Señor Jesucristo y operaban bajo su poder transformador de vidas continuamente.

Benevolencia (vv. 29, 30)

Cuando Jerusalén fue golpeada por la hambruna, los creyentes de Antioquía respondieron enviando alivio. Por causa de su determinación a ayudar a los hermanos que estaban sufriendo en Jerusalén, de inmediato una colecta masiva fue recibida y dada a los apóstoles para que la distribuyeran. Este acto de benevolencia es un testimonio de la pureza de la fe y el amor por Dios de esos creyentes (ver Santiago 1:27).

Espiritualidad (13:1, 2)

El Espíritu Santo se estaba moviendo libremente y hablando en la iglesia en Antioquía. Los santos allí buscaban a Dios para que los dirigiera en el ministerio, y el Espíritu Santo hablaba sobrenaturalmente en términos claros. Gran poder fue impartido a través del Espíritu Santo a medida que los hombres imponían sus manos sobre los apóstoles y los enviaban al campo a cosechar.

Diversidad (v. 1)

Bernabé era judío y un levita. Simeón (llamado Níger) era quizás un hombre negro. Lucio, probablemente un gentil, era de la colonia africana de Cirene. Manaén era de los privilegiados de la sociedad, con una conexión en su niñez cercana a Herodes el Tetrarca. Saulo era un antiguo fariseo judío muy educado, que creció en un ambiente fuertemente gentil. Aun así todos esos hombres, que eran racial y socialmente diferentes, fueron contados entre la misma compañía de profetas y maestros. No había segregación ni intolerancia en Antioquía. Según parece, estas variadas vidas se combinaban hermosamente en un equipo ministerial que cambió el curso de la historia mundial.

Dones (v. 1)

Ciertos hombres residentes en Antioquía supervisaron varios ministerios significativos y reconocidos. Estos incluían profetas, ancianos, maestros y discípulos. Apóstoles y evangelistas como Pablo y Bernabé fueron enviados desde Antioquía. Podemos suponer seguramente que una iglesia así tendría varios pastores también. Muchas personas fueron convocadas allí, cada una con los dones del Espíritu Santo.

Enseñanza (11:26; 13:1)

Por "enseñanza" queremos decir que la instrucción doctrinal era una prioridad en Antioquía. Por ejemplo, Pablo y Bernabé enseñaron en la iglesia un año completo, fortaleciendo a los creyentes en la Palabra de Dios. Entre los ministerios pronunciados, otros maestros estaban presentes y activos en la iglesia.

Ministerio profético (13:1)

Claramente esta iglesia en Antioquía era integrada y dirigida por los profetas. Esta grey escuchó a los profetas que predecían hambruna (ver 11:27-30), y también los oyeron cuando seleccionaron a Pablo y Bernabé. Considerando todos los potenciales misioneros y actividades misioneras que pudieron haberse iniciado, los líderes en Antioquía esperaron las directrices proféticas antes de invertir sus hombres y su dinero. Una vez que los profetas hablaban, sin embargo, la iglesia se movía por consecuencia.

Adoración (v. 29)

Cuando los cristianos de Antioquía se reunían, su primera actividad era ministrar al Señor. El pueblo representado en Hechos 13 parece determinado a alabar a Dios, permitiendo a la visión profética y evangelística surgir en esa experiencia. Después de todo, si fallamos en priorizar la adoración, no podemos esperar poseer poder profético ni efecto evangelístico.

Oración (v. 2)

El pueblo oró y ayunó hasta que escucharon de parte de Dios. Su actividad misionera nació en una reunión de oración. Su adoración tuvo lugar en una reunión de oración. El Espíritu Santo les habló claramente en una reunión de oración. Jesús dijo que la iglesia que estaba edificando sería una casa de oración (ver Mateo 21:13), y Antioquía no parece haber sido la excepción.

Estructura (vv. 2, 3)

Vemos la presidencia del Espíritu Santo iniciando, dirigiendo y hablando a la gente que seguía y entendía la autoridad espiritual. Los líderes fluían en los procesos principales de toma de decisiones, y ninguno se movió de manera desordenada o irrespetuosa. Todo líder mantenía una relación apropiada con la autoridad, y el Espíritu Santo les guiaba hermosamente en acción unánime.

Impartición (v. 3)
Antes de que Pablo y Bernabé fueran enviados desde Antioquía, se hizo ayuno, oración e imposición de manos para impartirles fortaleza. Los creyentes entendían el significado de la imposición de manos, y tenían algo espiritualmente real que darles a los apóstoles que enviaban. Más tarde, Pablo impondría sus manos sobre otros agentes de cambio como Timoteo (ver 2 Timoteo 1:6), impartiendo el don de Dios que había recibido de aquellos cuyas manos fueron impuestas sobre él.

Pasión apostólica (v. 3)
A partir de esta sencilla congregación de cristianos fueron plantadas las iglesias más dinámicas del mundo antiguo. La vida y el poder de Antioquía no estaban confinados a esa ciudad, sino que se exportaban constantemente a través de olas y olas de equipos apostólicos que afectarían a su mundo. Los equipos se enviaron, las regiones fueron evangelizadas y las iglesias establecidas, todo por causa de la visión que Antioquía poseía para otras ciudades y lugares.

RESUMEN

A medida que estudiamos la iglesia en Antioquía, vemos un patrón importante de crecimiento y surgimiento de ministerio. Este patrón nos reta a ministrar en un nivel por completo diferente a los ministerios tradicionales. Antioquía fue eficaz porque entendió estas claves ministeriales principales y las practicó, desatando el ministerio alrededor del mundo conocido. Jerusalén esperó hasta que la persecución golpeara antes de dispersarse. Antioquía, sin embargo, escuchó al Espíritu y siguió el patrón de duplicarse dondequiera que fueran sus ministerios.

Cada congregación del Nuevo Testamento revela un aspecto único del patrón total que Dios tiene para la Iglesia de hoy. En vez de imitar el éxito superficial y comprometerse con métodos no escriturales, los líderes de hoy necesitan regresar al plan del Nuevo Testamento. Debemos hacer "todas las cosas conforme al modelo" (Hebreos 8:5). Plantar y regar iglesias locales espiritualmente estimulantes es una llave al movimiento apostólico que viene, y el patrón nos prepara para convertirnos en una parte viva de *la red del reino*.

Notas

1. Edward R. Dayton y David A. Fraser, *Planning Strategies for World Evagelization,* Eerdmans, Grand Rapids, 1980, p. 59.
2. William Steuart McBirnie, *The Search for Early Church*, Tyndale House, Wheaton, IL, 1978, p. 48.
3. Everet F. Harrison, *The Apostolic Church*, Eerdmans, Grand Rapids, 1985, p. 188.
4. Tim Dowley, John H.Y. Briggs, Robert D. Linder y David F. Wright, eds., *Eerdmans Handbook to the History of Christianity*, Grand Rapids, 1977, p. 62.
5. Este esquema es adaptado de una enseñanza desarrollada por el autor y el doctor Emanuele Cannistraci en el folleto de la iglesia titulado "Match the Vision of the House: The Antioquía Principle", disponible en Evangel Christian Fellowship, 1255 Pedro Street, San José, California 95126.

LA RED DEL REINO

UNA TENDENCIA MUNDIAL ESTÁ EMERGIENDO EN NUESTROS DÍAS que está cambiando radicalmente la manera en que operan los negocios, la política y los servicios e información. Avances explosivos se están haciendo porque las personas se están conectando para aumentar los beneficios para todos. La tendencia se llama "redes", y muchos están de acuerdo en que esta es la ola del futuro dado que es tan efectiva.

¿QUÉ ES LA RED?

Las redes son algo milagroso. El 13 de marzo de 1995, dos civiles estadounidenses, William Barloon y David Daliberti, que trabajaban en Kuwait, accidentalmente se extraviaron cruzando el límite dentro de Irak en un intento por visitar a unos amigos. Cuando se dieron cuenta de que habían violado los límites de Irak, trataron de reentrar a Kuwait, pero fueron arrestados de inmediato como criminales y sentenciados a ocho años en prisión. Sus familias en casa estaban impresionadas y se angustiaron con la expectativa de este horrible contratiempo.

En medio de su dolor, se donó una computadora a una de las esposas. Estaba conectada a la Internet, la red mundial de sistemas de información y, en momentos, el apoyo antes imposible estuvo disponible para ella. Desde su sala, fue capaz de comunicarse cada hora con la embajada estadounidense en Irak. Podía revisar con los militares para verificar el estado de su esposo. Una vez que surgían nuevas noticias, ella podía ser notificada de inmediato. Cuando le asignaron una dirección electrónica, los usuarios de computadoras por todo el mundo comenzaron a transmitirle simpatía, ánimo y oraciones a su pantalla. Afortunadamente, el 16 de julio de 1995, los dos hombres fueron liberados.

Esta historia ilustra un hecho impresionante: a través del poder de las redes, esta sufrida mujer fue capaz de pedirle ayuda al mundo tan fácilmente como a su vecino. Y a través de las redes, el mundo respondió al mínimo costo y en tiempo real. La red ejecutó su milagro.

En un sentido amplio, la red está simplemente mejorando la vida al compartir recursos a través de relaciones y conexiones. La red depende de esas relaciones y conexiones como el centro de su poder. El milagro de la red es el potencial ilimitado que tiene para unir cosas previamente aisladas en pro de intercambios beneficiosos y logros maravillosos. La red está siendo tan valiosa que pronto el valor financiero no podrá ser medido en términos de dinero, sino de conexiones.[1]

Las redes están aquí

El uso productivo de los principios de la red en nuestro mundo no es nada menos que revolucionario. Las organizaciones de redes están reubicando a las erigidas en torno a jerarquías tradicionales.[2] La creciente tendencia del mercado de redes hace disponibles los productos a través de relaciones entre familias, amigos y asociados empresariales. Ya no dependen tanto de prácticas como la publicidad o las demostraciones. Las redes de televisión y radio tienen muchos recursos combinados para producir programas, compartir la carga de cubrir eventos locales y vender tiempo de publicidad a estaciones afiliadas. Los sistemas telefónicos interconectan billones de miles de cable y señales de satélite a través de redes mundiales, capacitando a millones de personas que llaman para acceder a teléfonos y transmitir datos simultáneamente desde cualquier lugar sobre el planeta. Las redes de computadoras integran diversos sistemas de datos que acceden instantáneamente a información voluminosa que de otra manera no estaría disponible.

Este proceso ha venido a ser tan productivo que una de las grandes ambiciones de Washington es completar la "superautopista informativa", la cual cambiará para siempre la manera en que nuestra nación opera. El escenario de la mujer cuyo esposo fue arrestado en Irak podría repetirse en millones de versiones diferentes por todo el mundo todos los días. El planeta verdaderamente está haciéndose más pequeño. Las redes son poderosas y están aquí para quedarse.

LA RED MÁS GRANDE

Como muchos logros en nuestros días, la red tiene éxito porque Dios la inventó. Ella es un reflejo del modelo divino de interdependencia y unidad que Dios ha ordenado para la Iglesia. El Cuerpo de Cristo es, en esencia, la red más grande inventada alguna vez. Como una poderosa red de vidas humanas, esta depende de la fortaleza de sus conexiones relacionales para cumplir la Gran Comisión.

Las imágenes en la Escritura acerca de la Iglesia como un Cuerpo refleja el Cuerpo de Cristo como una red:

> De quien todo el cuerpo, bien concertado y unido entre sí por todas las coyunturas que se ayudan mutuamente, según la actividad propia de cada miembro, recibe su crecimiento para ir edificándose en amor (Efesios 4:16).

> Os ruego, pues, hermanos, por el nombre de nuestro Señor Jesucristo, que habléis todos una misma cosa, y que no haya entre vosotros divisiones, sino que estéis perfectamente unidos en una misma mente y en un mismo parecer (1 Corintios 1:10).

El Nuevo Testamento abunda en aplicaciones prácticas acerca de las redes. La Iglesia Primitiva estaba en red para compartir los recursos tan eficazmente que nadie entre muchos miles carecía de algo (ver Hechos 4:34, 35). El modelo continuó a medida que los apóstoles se unieron para hacer redes en el Concilio de Jerusalén en Hechos 15. Desde los primeros días de la Iglesia, el reino ha crecido sobre un fundamento de esfuerzo combinado y unidad relacional.

Este paradigma necesita recobrarse hoy. Si el modelo de redes es retomado y reproducido en la Iglesia hoy, estoy convencido de que nuestra efectividad puede igualarse y hasta superar a la de la Iglesia Primitiva.

LA RED DEL REINO

Las palabras de Jesús confirman la red del reino. En una ilustración poderosa, el Señor declaró una dinámica realidad: "Asimismo el reino de los cielos es semejante a una red" (Mateo 13:47).

Cuando Jesús habló al pueblo que estaba reunido en las orillas de Galilea, pintó en sus mentes hábilmente una imagen de las enormes redes de arrastre que eran comúnmente utilizadas en esos días. Miles de nudos conectados mantenían la red unida y la hacían una herramienta poderosa. La red se colocaba en las aguas y sus extremos se estiraban y se atraían juntos para recoger grandes cantidades de pescado. Esa misma imagen necesita salir a la superficie en nuestras mentes. Necesitamos ver el Reino de Dios como una red gigante.

¿En qué manera es el reino de los cielos como una red? La red ilustra cómo se hace posible el aumento cuando el pueblo de Dios se une cual cuerdas interconectadas de una red. A medida que el Cuerpo de Cristo se vincula en relaciones interconectadas y comparte recursos, sus integrantes llegamos a ser herramientas poderosas para atrapar almas perdidas. Sin estas conexiones de calidad, nuestra efectividad es reducida. Como cualquier red buena, nuestra habilidad para producir aumento depende de la conexión que tengamos unos con otros. Esta es la sustancia de la red del reino.

Los apóstoles y las redes

A medida que el movimiento apostólico gana velocidad, la práctica de las redes ha comenzado a florecer otra vez en el Cuerpo de Cristo. Los analistas del iglecrecimiento están comenzando a identificar las *redes apostólicas* como un movimiento moderno. Los líderes y movimientos que cambian el mundo están levantándose para establecer estructuras progresivas para familias de iglesias y ministerios. Las debilidades del denominacionalismo tradicional están sucumbiendo ante las fortalezas de las redes apostólicas.

Líderes e iglesias han buscado por mucho tiempo este tipo de unidad y cooperación. La existencia de muchas denominaciones da fe de este hecho. Lamentablemente, la lección dura de la historia ha revelado que las estructuras que mantienen la mayoría de las denominaciones con frecuencia socavan el propósito de la unidad, creando así división y fracaso. Muchos creen que se evidencian dos efectos por este problema: el denominacionalismo está muriendo lentamente y está surgiendo un sentimiento antidenominacional. Mucha gente ahora iguala erróneamente "la religión organizada" con lo malo, y resisten cualquier estructura en absoluto. Ambos desarrollos son desafortunados.

Hoy parece que el pueblo de Dios se está moviendo hacia un maravilloso equilibrio entre las estructuras espirituales sin organización y aquellas con demasiada organización. Estamos reconociendo nuestra necesidad de conectarnos en una manera que produzca vida. La red apostólica se está convirtiendo en la respuesta a ese clamor.

Ministerio de equipo apostólico

¿Qué prototipo de red apostólica encontramos en la Escritura? ¿Cómo obra el proceso de crecimiento del Cuerpo de Cristo en términos tangibles? Sencillamente el patrón bíblico del *ministerio de equipo apostólico* es una aplicación embrionaria de la idea de la red apostólica. Desde el tiempo en que los apóstoles eran enviados por Jesús en parejas (ver Marcos 6:7), el ministerio apostólico ha implicado trabajo en equipo. El Maestro eligió un equipo de doce hombres con los cuales compartir su trabajo. Y el modelo usual para el ministerio en el libro de Hechos es siempre en equipo.

Los apóstoles nunca trabajaron solos. Pablo y Bernabé formaron un equipo con sus acompañantes (ver Hechos 13:4—15:12). Más tarde, el equipo de Judas y Silas se unió al de Pablo y Bernabé, formando uno más grande (ver 15:22-34). Después que Pablo y Bernabé partieron, surgieron dos equipos, incluyendo el de Bernabé y Marcos (ver vv.37-39) y el de Pablo y Silas (ver v. 40), a quienes se les unieron luego Timoteo, Lucas, Aquila, Priscila y Apolos (ver 16:3-9, 10; 18:2-30). Otros jugadores de equipo apostólico incluían a Erasto, Gayo y Aristarco en Hechos 19, y Sópater, Segundo, Tíquico y Trófimo en Hechos 20. Es abundantemente claro que el modelo neotestamentario para el ministerio apostólico es uno de trabajo en equipo.

Este sencillo hecho se convierte en la base conceptual de las redes apostólicas modernas.[3] Una red es la extensión del principio de ministerio en equipo que unió la variedad de apóstoles, pastores, profetas, maestros y evangelistas necesarios para plantar y establecer iglesias por todo el mundo conocido.

Que los apóstoles se unieran en equipos para ministrar revela algo importante para nosotros acerca de su filosofía ministerial. Los verdaderos apóstoles son personas que están dispuestas a fusionar sus dones con los dones de otros en el Cuerpo de Cristo a fin de establecer adecuadamente el reino. Los apóstoles y profetas tienen una mezcla única de dones y con frecuencia trabajan juntos en este respecto (ver Lucas 11:49; Efesios 2:20; 3:5; Apocalipsis 18:20). Aunque trabajar juntos puede traer dificultades, como pasó con Pablo y Bernabé (ver Hechos 15:2), los apóstoles son esencialmente hombres relacionales que entienden que necesitan al resto del Cuerpo de Cristo.

¿Qué es una red apostólica?

Una red apostólica puede tomar muchas formas. Esencialmente es un conjunto de iglesias autónomas y de ministerios individuales que laboran voluntariamente en una estructura organizada. Este marco de relaciones humanas es suficiente para facilitar la interdependencia entre miembros de la red y su supervisión apostólica. Los miembros de la red poseen una visión común y muestran una expresión tangible del ministerio apostólico del Nuevo Testamento. Aunque cada red puede lograr su organización a través de variados métodos, valores, filosofías y metas, todas comparten la esencia de conectarse mediante relaciones y combinar recursos. "La red se convierte en una olla de estrategia, visión, métodos, enseñanzas, entrenamiento y programas".[4]

Las redes apostólicas son diferentes para las distintas denominaciones porque en aquellas las *relaciones* (no las políticas y reglas) son la fuente principal de la fortaleza organizacional. Sólo se imponen un control mínimo legal y financiero. En la red apostólica a la cual pertenezco, la función gubernamental se logra grandemente mediante asociación de oración, discusión, planificación y liderazgo visionario. Las redes más efectivas son más que meras fraternidades ministeriales, porque el propósito es cumplir el ministerio apostólico y no simplemente facilitar la camaradería.

Elementos básicos de una red apostólica

¿Qué hace a apostólica a una red? Se pueden identificar varios elementos esenciales:

Un apóstol o equipo de apóstoles reconocidos en el liderazgo

Cada organización de redes necesita un supervisor que actúe como catalizador y estratega máximo de ella. Idealmente, el supervisor trabaja con una estructura de equipo apostólico en el gobierno de la red, formando redes con profetas y otros dones ministeriales de acuerdo a los modelos escriturales. Juntos, forman un equipo de siervos-líderes que actúan como facilitadores para la visión y propósito de la red. Esta no puede ser una jerarquía autocrática tradicional, pero debe ser estructurada sobre una filosofía de servicio que permee el liderazgo en cada nivel de la red.

La supervisión de un apóstol mantiene toda la red relacionalmente junta. Roland Allen afirma acerca de la Iglesia Primitiva que

"Se mantenía junta, no sólo por conveniencia, ni meramente por fe y sacramentos comunes, sino también por común sumisión a un fundador común. La unidad de las iglesias en las diferentes provincias se expresaba no sólo en la constante relación entre ellas, sino por su reconocimiento común de la autoridad del apóstol como el mensajero de Cristo para ellos".[5] El primer ingrediente construye una base fundamental para los otros tres.

Una atmósfera de relaciones dinámicas

John Dawson, un autor de libros muy vendidos, dice correctamente: "Dios organiza su reino mediante dones de amistad".[6] Las relaciones son la clave esencial para las redes. Cualquier cosa construida sobre reglas y control está destinada a fracasar. Algunas denominaciones se han convertido progresivamente en opresoras porque cuentan con reglas y políticas para mantener la integridad de la estructura en vez de mantener cuidadosamente las relaciones. El amor y la cooperación voluntaria son la esencia y el espíritu de la red. Esta es la diferencia entre una organización y un organismo vivo, las relaciones no deben ser simbólicas ni místicas; deben ser tangibles y reales para mantener la integridad de la red. Pasar tiempo juntos con frecuencia en conferencias, eventos y reuniones puede perpetuar este elemento esencial de la red.

El líder apostólico John Kelly enseña que preservar una red equilibrada y actualizada requiere que el apóstol mantenga compañerismo con otros fuera de su propia corriente. Ninguna red verdadera puede tener éxito como sistema cerrado. [7]

Una misión y propósitos distintos

Sin una visión, el pueblo perece (ver Proverbios 29:18). El propósito es esencial para la supervivencia de la red. Una misión clara y apremiante es la luz guía de una red apostólica.

Frank Damazio localiza con precisión la misión prioritaria dentro de los movimientos espirituales verdaderos. "Cuando la gente voluntariamente se une para cumplir una misión crean un movimiento. Este crece cuando sus miembros son entrenados y movilizados para propagar la misión.[8] Depende del liderazgo identificar y articular continuamente la misión". Para evitar perderse en las zonas cómodas, esta misión necesita trascender la mera fraternidad y, en su lugar, centrarse en la plantación, alcance y misiones mundiales de la Iglesia. Un documento escrito es una manera útil de comunicar la misión a los miembros de la red. La misión es el corazón de una red apropiadamente estructurada.

Una reunión de iglesias apostólicas

Las iglesias locales son la espina dorsal organizacional del modelo de red, porque están en el corazón del mismo ministerio apostólico. Como todas las organizaciones, las redes justifican su existencia elaborando un producto final tangible. La iglesia local es ese producto. Dado que el trabajo principal de un apóstol es plantar y regar iglesias, la red apostólica necesariamente estará compuesta por congregaciones apostólicas adecuadamente estructuradas y comprometidas, y a su vez integradas por personas dispuestas a orar, dar e ir. Las iglesias de la red no están bajo la norma de la red más amplia, sino que son autónomas y se mantienen independientes. Ellas deberían mantenerse juntas por su compatibilidad de misión, valores y doctrina.

Amar la dirección apostólica y los objetivos enfocados en el reino es fundamental para las redes apostólicas exitosas. Tres prioridades equilibradas crean la totalidad de la red apostólica.

TRES PRIORIDADES ESENCIALES DE LA RED APOSTÓLICA

Una mirada extensa a la analogía de la red del reino nos ayudará a entender los componentes principales de las redes apostólicas: relación, entrenamiento y misión.

1. Relación

Las redes apostólicas deben mantener la prioridad relacional. Como hemos visto, el Cuerpo de Cristo está viviendo realmente la red. Si cualquier miembro llega a estar relacionalmente dislocado, la red no puede estar sana. El reino no puede actuar como una verdadera red a menos que los creyentes ocupen sus lugares y se conviertan en aquello para lo que Dios los ha creado en las vidas de los otros.

La gente que se une mediante relaciones crean la red del reino y caminar en la verdad de la Palabra de Dios *lava la red*. Las redes naturales se ensucian. Maleza, fango y sedimentos se atascarán y se enredarán en ella. La red debe limpiarse para que permanezca útil.

¿Cómo se limpia la red del reino? El apóstol Juan da la respuesta: ¡Es el poder de la relación! "Pero si andamos en luz, como él está en luz, tenemos comunión unos con otros, y la sangre de su Hijo Jesucristo nos limpia de todo pecado" (1 Juan 1:7). Algo sucede cuando el pueblo de Dios se junta en fraternidad radiante. Esta nos refina y produce el brillo de pureza en nuestras vidas. Cuando caemos de la fraternidad, podemos contaminarnos con pensamientos erróneos, pecados e ideas erradas. Una red apostólica que no tenga los elementos horizontales de la vida en el Espíritu carecerá de la fortaleza y pureza que se requiere para lograr grandes cosas.

2. Equipamiento y reproducción

Otra fortaleza de la red descansa en reproducir constantemente el ministerio para que pueda extenderse. Requiere mucho trabajo y nosotros necesitamos una red extendida para traer la presa.

El modelo neotestamentario de equipar gente para el ministerio es lo que *remienda la red*: "Y él mismo constituyó a unos apóstoles; a otros, profetas; a otros evangelistas; a otros, pastores y maestros, a fin de perfeccionar a los santos para la obra del ministerio, para la edificación del cuerpo de Cristo" (Efesios 4:11, 12).

Las redes pueden enredarse y hacerse jirones por el uso. Nuestras relaciones, dones y habilidades necesitan ser constantemente remendadas y mejoradas para mayor efectividad.

La raíz de la palabra "perfeccionar" es *katartizo*, que significa "equipar, completar".[9] En Marcos 1:9 se traduce "remendar", hablando de redes torcidas y dañadas. En Gálatas 6:1, se traduce "restaurar", hablando de aquellos que son descubiertos en una falta. Esto habla de cuidar eso que es útil para atraer a otros dentro. Si la red va a ser útil, debe ser mantenida. Ese es el trabajo del ministro, mantener y equipar el Cuerpo para ser útil. La red exitosa se remienda constantemente mediante líderes que guían y fortalecen al pueblo de Dios. Una red apostólica que carezca del elemento de entrenamiento y equipamiento no sobrevivirá a su constitución actual. Morirá con sus miembros y fracasará en lograr su propósito.

3. Misión

Expansión y crecimiento son los mandatos inmutables del reino. Cuando salimos al mundo, estamos esencialmente *echando la red del reino*. Para que una red sea efectiva, ¡debe ser puesta en el agua! Para que el Cuerpo de Cristo sea efectivo, debemos estar inmersos en el mundo. Como red de Dios nuestra misión es atrapar peces lanzándonos al mar de la humanidad perdida en total abandono.

Predicar el evangelio del reino es *halar la red*. Una vez que ella está en el agua, tiene que ser volteada para recoger el pescado.[10] A menos que nuestra red del reino atraiga personas hacia este y hacia la casa del Señor, no puede ocurrir ninguna recogida ni cambios de vida. La iglesia local es responsable de recibir el pescado que es atrapado como expresión visible del Reino de Dios.

Estas prioridades necesitan ser practicadas si el principio de red del reino va a hallar uso en el ministerio del apóstol y en el movimiento apostólico emergente. Una vez esto esté en su lugar, nuevas oportunidades para aumentar se presentarán por sí solas.

EL PRÓXIMO PASO: LA RED DE REDES

Un nivel aun más alto de redes está en el horizonte para la Iglesia. Las redes que se forman en el movimiento apostólico emergente beneficiarán notablemente al Cuerpo de Cristo. Considera cómo estos mismos beneficios podrían incrementarse en fuerza cuántica si las diversas redes se pudieran conectar *una con otra* en relaciones y recursos compartidos. ¿Qué podría lograrse estando en la red de redes?

¿Cuál es el esquema bíblico para este tipo de conexión? ¡Es nada menos que la unidad de todos los creyentes! (ver Efesios 4:3,5; Juan 17:21; 1 Corintios 1;10).

El maravilloso prospecto de la unidad bíblica mundial podría comenzar con los apóstoles y cabezas de redes que se unen para orar, promover estrategias y relacionarse. Los esfuerzos pueden coordinarse y las ideas compartirse en dimensiones dinámicas y expansivas. Quizás esta sabiduría inspiró a los jefes de las tribus de Israel para reunirse hace mucho tiempo (ver Deuteronomio 33:5).

Un ejemplo de un intento por unir a los apóstoles ocurrió en los Estados Unidos. Era la carismática y popular Red de Ministerios Cristianos (NCM, por sus siglas en inglés). Aunque el movimiento apostólico no está limitado al ala carismática de la Iglesia, utilizo este ejemplo porque fue un noble intento por unificar, al menos, una importante porción de la Iglesia. La NCM tuvo su origen en 1982 cuando los fundadores de la red Emanuele Cannistraci (mi primo y padre espiritual), Mel Davis, John Jiménez y Charles Green discutieron la necesidad de una red que mezclara las principales corrientes del movimiento carismático en unidad y armonía relacional.

La red estaba organizada en un cuerpo regidor de líderes. Estos juntaron cada parte de las corrientes pentecostales clásica, neopentecostales e iglesias carismáticas. Estuve presente en la reunión inicial de la red en Denver, Colorado, en julio de 1985. La reunión fue electrificada con la presencia de Dios. Una fuerte unción profética estuvo presente. El amor y la unidad llenaron la atmósfera.

Muchos líderes de diversos movimientos se arrepintieron públicamente por sus espíritus de sospecha y división hacia otros colegas.
Prominentes hombres y mujeres de Dios rogaron perdón y restauración de la fraternidad. Una limpieza y una sanidad sin precedentes
ocurrieron en esas reuniones. Muchos estuvieron de acuerdo en que
el impacto potencial de la red sobre el Cuerpo de Cristo corporativo
era fenomenal.

Para la cuarta conferencia anual en 1989 en Anaheim, California,
la mayoría de los líderes nacionales de la renovación carismática se
involucraron. Tristemente, la red no sobrevivió. En mis conversaciones acerca de esta red con el doctor Cannistraci, este identificó la
ruptura de la red como el resultado—no de la desunión, falta de entu-
siasmo o amor por los demás—, sino del fracaso para responder al
clamor por paternidad de los "hijos espirituales". Durante un sensible momento de ese evento, algunos hijos espirituales levantaron
una súplica colectiva para que los padres espirituales asumieran sus
roles como mentores de la generación más joven de agentes de cambio en el mundo. Los hijos estaban pidiendo un movimiento de los
padres. Fue una ocasión asombrosa, de acuerdo al doctor Cannistraci.
Trágicamente, el clamor nunca fue totalmente respondido.

"El ingrediente que faltó fueron los padres uniéndose con sus
dones y conocimiento en redes para pasar el legado a la generación
más joven. Las redes pueden ser mucho más poderosas si los padres
están disponibles para los hijos", afirma Cannistraci. "Sin ese ingrediente, la red tendrá corta vida". Necesitamos buscar redes que manifiesten este ingrediente, y luego modelarnos según ellas mismas.

Gloriosamente, nuevas redes están emergiendo en esta hora por
todo el mundo. Particularmente en los países del Tercer Mundo, estamos viendo una explosión no sólo del ministerio apostólico, sino
de organizaciones y redes apostólicas. Con la ayuda de Dios, una
nueva generación de redes se levantará para llevar la antorcha que fue
encendida en parte a través de la NCM.

Una vez que las redes del reino comiencen a trabajar unidas, las
posibles ventajas para la Iglesia llegarán a ser enormes. Creo que
cuando el Cuerpo de Cristo alcance ese nivel, *naciones completas
pueden ser tomadas*, como lo fueron en las primeras décadas de la
Iglesia. Esto es ministerio apostólico en su cenit. Podríamos desarrollar un espíritu de armonía en doctrina y moral tal como se logró en
Jerusalén entre los apóstoles. El poder de múltiples redes moviéndose espontáneamente en la misma dirección prepara el camino para

los esfuerzos por aliviar la hambruna, la movilización de ministerios y compartir recursos en dimensiones más grandes que nunca antes.

Imagina lo que sucedería si los líderes apostólicos se unen, escucharan de Dios y comprometieran los recursos de sus redes a alcanzar una nación o grupo de personas en particular. Este tipo de poder podría barrer el planeta y recoger la cosecha mundial casi de la noche a la mañana. A medida que la corriente apostólica de restauración fluya aun más fuertemente, debemos recordar este potencial. Esto puede bien ser una de las herramientas que Dios utiliza para consumar su plan para nuestro planeta.

LOS APÓSTOLES Y LA UNIDAD CORPORATIVA

Hoy todos estamos interesados en el importante asunto de la unidad de la Iglesia. Como resultado, un creciente número de nobles esfuerzos han sido hechos para fomentar entendimiento, perdón y reconciliación en el Cuerpo de Cristo. De alguna manera, estamos comenzando a ver enraizarse la deseada unidad, pero el Cuerpo todavía está muy fragmentado.

La restauración del ministerio de los apóstoles es intrínseca a la unidad de la Iglesia. Los apóstoles, junto con los otros dones ministeriales, fueron dados por Cristo para edificar la iglesia y para traerla a la *unidad de la fe* (ver Efesios 4:11-13). Si el oficio de apóstol no es restaurado, ¿cómo podemos esperar unidad? El apóstol es parte de la cuerda quíntuple que Dios creó para atar al Cuerpo de Dios en unidad. George R. Hatwin, un maestro canadiense activo en los años 40 y 50, escribió: "Nunca habrá unidad en la fe hasta que el ministerio del verdadero apóstol sea reconocido y obedecido estrictamente en los últimos días como lo fue en los del apóstol Pablo".[11]

Y continuó destacando: "Cualquier intento de orar, organizar, reconciliar o arrepentirse será inadecuado para producir la unidad de la Iglesia, a menos que los apóstoles surjan, porque el ministerio apostólico es la misma esencia de la unidad".[12] En este contexto, entonces, la red apostólica es parte indispensable del propósito de Dios para la Iglesia.

RESUMEN

Las redes han barrido al mundo con su efectividad. Es importante que experimentemos una revolución similar en la Iglesia. Ciertamente la tarea futura es grande; en consecuencia, no podemos pagar el precio de pasar por alto algo tan central para nuestro éxito como la unidad práctica. Sin duda alguna, sin aplicar los principios de las redes, el ministerio apostólico no será suficiente para lograr la evangelización del mundo. Nadie puede hacerlo solo, pero juntos podemos lograr cualquier cosa.

La iglesia posee en el presente una abundancia de visión, dones espirituales y talentos, recursos humanos, dinero e ideas, pero no las estamos manejando eficazmente. Si regresamos al milagro del Cuerpo de Cristo a través de redes relacionales y organizacionales, el resultado será asombroso. Podrían ser tan milagrosos como la red del reino misma.

Notas

1. Wayne E, Baker, *Networking Smart-How to Build Relationships for Personal and Organizacional Success*, Mc Graw Hill, New York, 1994, p. xv.
2. Ibíd., p. xvi.
3. El autor reconoce gratamente las enseñanzas recogidas del apóstol John Nelly en el área de las redes apostólicas. Las dos conferencias informales de la nuevamente en formación Antioch Network of Churches and Ministries, julio 1992 y abril 1993, en las cuales el autor tuvo el privilegio de estar presente, han brindado mucho del entendimiento para esta sección
4. *Ministries Manual*, Resurrection Churches and Ministries, Summerville, SC, 1992, p. B2..
5. Roland Allen, *Missionary Methods, St. Paul's or Ours?*, Eerdmans, Grand Rapids, 1962, p. 127.
6. John Dawson, *Taking Our Cities for God*, Creation House, Lake Mary, FL, 1989, p. 108.
7. *Ministries Manual*, p. C1.
8. Frank Damazio, *The Vanguard Leader*, Bible Temple, Portland, OR, 1994, p. 54.
9. Larry Lea con Judy Doyle, *Mending Broken Nets and Broken Fishermen*, Church On the Rock, Rockwall, TX.
10. Ibíd., p. 92.
11. George R. Hatwin, "The Ministry of an Apostle", *The Sharon Star,* abril-mayo 1951, p. 1.
12. Ibíd.

CONCLUSIÓN

Si tenemos razón en anticipar un reavivamiento sin precedentes en nuestra generación, podemos estar parados en el suelo más santo de la historia. Ninguna otra generación ha tenido el privilegio de vivir una hora como la nuestra. Justo frente a tus ojos, estamos siendo testigos de una ola transformadora del mundo que se forma en el horizonte, dirigiéndose directamente a nuestras orillas. Un derramamiento está sobre nosotros. Podemos sentir la lluvia tardía que cae y ver la tierna hoja brotando. *La cosecha está cerca.*

Estamos viviendo en las primeras etapas de un gran movimiento apostólico y experimentando un renacer del ministerio apostolar. Jesús está llamando a miles de enviados a levantarse en esta hora. Una gran compañía apostólica está surgiendo.

Ahora es el tiempo de regresar a los modelos y experiencias que yacen en su Palabra. Debemos recobrar todo lo que se ha perdido para que la cosecha pueda ser recogida y la ola nos lleve a nuevos lugares como iglesia triunfante.

Hoy, el Espíritu de Dios nos llama a la acción:

Pueblo apostólico, ve a cambiar al mundo.
Iglesias, reciban una renovación del Espíritu Santo.
Pastores, vean que edifican de acuerdo al modelo.
Padres, ocupen sus posiciones en la familia de Dios.

Nuestra oración ferviente ahora es:

Que la tierra presencie el poder sobrenatural de Dios.
Que las naciones sean plantadas y regadas.

Que el enemigo sea desplazado.
Que la red del reino se establezca.

El Señor de la cosecha responde rápidamente:

"¡Que salgan los apóstoles!"

BIBLIOGRAFÍA

Allen, Roland, *Missionary Methods, St. Paul's or Ours?*, Eerdmans, Grand Rapids, 1962.

Baker, Wayne E., *Networking Smart-How to Build Relationships for Personal and Organizacional Success,* Mc Graw Hill, New York, 1994.

Benjamin, Dick, "Here's What the Bible Says About Women's Ministries," *The Gospel Truth,* Julio-agosto 1980.

Bilezikian, Gilbert, *Beyond Sex Roles,* Baker, Grand Rapids, 1985.

Bruce, F.F., *Paul: Apostle of the Heart Set Free*, Eerdmands, Grand Rapids, 1977.

Burguess, Stanley M., y Gary B. McGee, eds., *The Dictionary of Pentecostal and Charismatic Movements*, Zondervan, Grand Rapids, 1988.

Chadwick, Henry, *The Early Church*, Penguin Books, Inglaterra, 1967.

Christian Equippers International, *The Master Builder,* 1985.

Conner, Kevin J., *The Church in the New Testament,* Acacia Press, Australia, 1982,

Cross, F.L., ed., *The Oxford Dictionary of the Christian Church*, The Oxford University Press, Oxford, 1983.

Damazio, Frank, *The Making of a Leader,* Bible Temple, Portland, OR, 1980.

Damazio, Frank, *The Vanguard Leader,* Bible Temple, Portland, OR, 1994.

Dawson, John, *Taking Our Cities for God,* Creation House, Lake Mary, FL.

Dayton, Edward R. y David A. Fraser, *Planning Strategies for World Evangelization,* Eerdmans, Grand Rapids, 1980.

Dowley, Tim, John H.Y. Briggs, Robert D. Londer, David F. Wright, eds. *Eerdman's Handbook to the History of Christianity,* Eerdman's, Grand Rapids.

Grudem, Wayne, *Systematic Theology,* An Introduction to Biblical Doctrine, Zondervan Publishing House, Grand Rapids.

Gundry, Patricia, *Woman, Be Free!,* Zondervan, Grand Rapids, 1977.

Hamon, Bill, *Prophets and the Prophetic Movement,* Destiny Image, Shippenburg, PA, 1990.

Harrison, Everet F., *The Apostolic Church,* Eerdmans, Grand Rapids, 1985.

George R. Hatwin, "The Ministry of an Apostle", *The Sharon Star,* abril-mayo 1951.

Iverson, Dick, con Bill Scheidler, *Present Day Truths,* Bible Temple, OR, 1975.

Jacobs, Cindy, *Possessing the Gates of the Enemy,* Chosen Books, Grand Rapids, 1991.

Kelly, J.N.D. *Early Christian Doctrines,* Harper-SanFrancisco, 1960.

Kroeger, Richard Clark y Catherine Clark Kroeger, *I Suffer Not a Woman,* Baker, Grand Rapids, 1992.

Lea, Larry con Judy Doyle, *Mending Broken Nets and Broken Fishermen,* Church On the Rock, Rockwall, TX.

McBirnie, William Steuart, *The Search for the Twelve Apostles,* Tyndale House, Wheaton, IL, 1978

McBirnie, William Steuart, *The Search For Early Church,* Tyndale House, Wheaton, IL.

Ministries Manual, Resurrection Churches and Ministries, Summerville, SC, 1992.

Murphy, Ed, *Spiritual Gifts and the Great Commission,* William Carey Library, Pasadena, 1975.

Scheidler, Bill, *The New Testament Church and Its Ministries,* Bible Temple, Portland, OR, 1980.

Seton, Bernard E., "Should Our Church Ordain Women? No." *Ministry,* marzo 1985.

Shapiro, Joseph P., Joannie M. Schorf, Mike Tharp y Dorian Friedman, "Honor Thy Children", *U.S. News y World Report,* febrero 27, 1995

Shibley, David, *A Force in the Earth,* Creation House, Altamonte Springs, FL.

Synan, Vinson, "Who are the Modern Apostles?", *Ministries Today,* marzo-abril, 1992.

Tan, Paul Lee, *Encyclopedia of 7700 Illustrations: Signs of the Times,* Assurance Publishers, Rockville, MD.

The Amplified Bible, Zondervan, Grand Rapids, 1964.

Trombley, Charles, *Who Said Women Can't Teach?,* Bridge Publishing, South Plainfield, NJ.

Truscott, Graham, *What Does the Bible Teach About Women's Ministry?,* Gordon Donaldson Missionary Foundation, Calgary, Alberta, 1979.

Vine, W.E., *An Expository Dictionary of New Testament Words,* Revell, Grand Rapids, 1966.

Wagner, C. Peter, "New Equipment for the Final Thrust", *Ministries Today,* Enero-Febrero 1994.

Wagner, C. Peter, *Your Spiritual Gifts Can Help Your Church Grow,* Regal, Ventura, CA, 1979, edición revisada, 1994.

Williams, Don, *The Apostle Paul and the Women in the Church,* Bim Publishing, Van Nuys, CA, 1977.

Winter Ralph D., y Steven C. Hawthorne, eds., *Perspectives on the World Christian Movement,* The William Carey Library, Pasadena, 1992.

Witherington, Ben, III, *Women and the Genesis of Christianity,* Cambridge University, Cambridge, 1990.